続・中学生からの大学講義3

# 創造するということ

桐光学園＋ちくまプリマー新書編集部・編

JN096986

★――ちくまプリマー新書

307

## 「今こそ、学ぶのだ！」宣言

ちくまプリマー新書は、「プリマー（primer（名詞）：入門書）」の名の通り、ベーシックなテーマを、初歩から普遍的に説き起こしていくことを旨とするレーベルです。学生の皆さんは元より、「学びたい」と考えるすべての人を応援しています。

このたび、桐光学園と共同で〈中学生からの大学講義〉という小さなシリーズを編みました。「どうすれば大学に入れるか」のガイドは世間に溢れています。でも「大学で何を学べるのか」について良質なアドバイスはまだまだ少ない。そこで、知の最前線でご活躍の先生方を迎え、大学でなされているクオリティのままに、「学問」を紹介する講義をしていただき、さらに、それらを本に編みました。各々の講義はコンパクトで、わかりやすい上に、大変示唆に富み、知的好奇心をかきたてるものとなっています。

本シリーズの各巻はテーマ別の構成になっています。これらを通して読めば、「学問の今」を知っていただけるでしょうし、同時に正解のない問いに直面した時こそ必要な〝考える力〟を育むヒントにもなると思います。変化の激しい時代を生き抜くために、今こそ学ぶのだ！

ちくまプリマー新書編集部

挿画　南伸坊

# 目次 ＊ Contents

# 新しい民主主義をつくろう

宇野重規

うの・しげき
一九六七年東京都生まれ。政治学者、専門は政治思想史・政治哲学。東京大学社会科学研究所教授。著書に『政治哲学へ』『トクヴィル　平等と不平等の理論家』『〈私〉時代のデモクラシー』『民主主義のつくり方』『保守主義とは何か――反フランス革命から現代日本まで』など。

いま日本の人口はおよそ一億二七〇〇万人です。これまではどんどん増えてきましたが、二〇〇八年にピークを迎えて以来減りはじめています。どのくらいまで人口が減少するか、その予測も耳にしたことがあるでしょう。

国立社会保障・人口問題研究所の推計では、二〇五〇年には一億人を切り、二一〇〇年には四九〇〇万人くらいになると言われています。百年経たないうちに人口が、ほぼ明治時代の水準まで半減することになります。みなさんは、いまとはかなりちがう社会の姿を目にすることになるでしょう。

東京や神奈川に暮らしている人には、この話はあまりピンと来ないかもしれません。渋谷や新宿に行けば、無数の人が行き交っています。人口が減るのは田舎のことだと思うかもしれません。実際、元総務大臣の増田寛也《ひろや》氏を中心とした研究会は、二〇一四年にこれから五五〇近い自治体が消滅するという衝撃的な予測を発表しています。けれども都心は本当に大丈夫なのでしょうか。

東京都の現在の出生率、一人の女性が生涯で何人子どもを産むのか知っていますか？人口を維持するためには出生率は二・三以上なくてはいけません。ところが、いま東京都では一・一くらいです。一世代経るたびに人口が半分に減ってゆく計算になります。日本全体の出生率は一・四ですから、全体として減ってゆくことにはちがいませんが、東京都はさらに急激に減ってゆくことになります。都心で生活していると、子どもの数が減っているように見えませんが、他県で生まれた子どもが流入しているからそう見えるだけです。これから地方で人口が減りはじめると、東京にも大きな影響が表れることになります。

### 少子+高齢化のボディブロー

出生率の低下に加えて、いま日本には高齢化問題があります。限界集落という言葉を聞いたことがあるでしょう。地域に高齢者しかいなくなり、買い物はもちろん病院などのサービスも行き届かなくなり、集落が維持できなくなってしまう問題です。

高齢化問題も、一番深刻化するのは東京圏です。これから東京圏では、かつてない勢いで高齢化が進みます。七十五歳以上の人口がこれから倍増する自治体も珍しくありません。それに比べて、地方の高齢者人口はピークを過ぎた自治体がむしろ多いのです。

子どもも減っていますので、高齢化率の上昇は必ずしも下げ止まっていませんが、大都市圏とは状況がちがいます。これからの日本を考えるためには、都市と地方では異なる少子高齢化の現実を必ず知っておかなければいけません。

さて、これからの時代の民主主義を考えてゆきましょう。民主主義はいつの時代だって大切だと言われます。けれども、時代によって民主主義の意味は変わります。たとえば子どもの数がどんどん増えて、経済成長が続く時代には民主主義は運用しやすい。成長の時代にはライフスタイルも人口構成も大きく変わり、社会問題も多くなりますが、経済成長が生み出す余剰の富の分配方法をみんなで決めようという民主主義は、最終的にはみんながある程度納得できる結論を出せます。

しかし人口がすごい勢いで減り、高齢化が進むいまの日本社会ではどうでしょうか。いまや分配しなくてはならないのは、富ではなくリスクと負担です。日々の報道でご存知のとおり、社会保障費はどんどん増えていきます。日本の場合、社会保障は基本的に医療と年金が大きな比重を占めています。これは明らかに年配者にとって重要なサービスです。職業トレーニングや住宅・保育園の整備などを重視する、いわば若い人に手厚い社会保障体制を取ることもできるはずですが、そうはなっていません。簡単に言えば、若い人が割りを食う体制なのです。

そのうえ、もともと数の少ない若年層の人口はいま減少しています。団塊の世代では一学年二〇〇万人と言われましたが、現在では出生数が一〇〇万人を切っています。さらに悪いことに若い人は選挙に行かず、投票率が極端に低い。声をあげないわけですから、自ずと政府も若い人のための何かをやろうとはしなくなってしまいます。

民主主義は現在のような、リスクと負担を分配しなければならない時代には、うまく機能しないのかもしれません。政治家も馬鹿ではありませんから、日本の未来にさまざまな問題があることは知っています。けれども、「こんな問題があります、負担はこれくらい増えます、逆にサービスは減ります」と言って、選挙で投票してもらえるでしょうか。良薬口に苦しと言いますが、苦い薬のことは触れず、なるべくキレイごとを並べておいて当選しようと考えるのは自然な成り行きです。

## ビジネスで社会問題を解決する

いまの時代にあった、もっと役に立つ民主主義に変えてゆく方法はないのか、それが私の考えていることです。いくつか例を挙げて考えてみましょう。

フローレンスというNPOの名前を聞いたことがありますか? 駒崎弘樹さんが始めた病児介護を専門とするNPOです。将来、みなさんもきっと経験すると思いますから聞いてください。小さい子どもはよく風邪をひくし、熱も出します。すると大変です。学校には行けませんし、保育園も預かってくれません。共働きの夫婦では、家に子どもひとり置いてゆくわけにもいきません。私も、さあ今日は重要な学会発表だという日に、子どもに熱を出され、妻と私とどちらが休むのか、頭が痛くなるような思いをしたことが何度もあります。こういうときに、具合の悪い子どもを預かるサービスが病児介護です。

代表の駒崎さんはまだ若い男性ですが、すごく面白いことを考えている人です。意外かもしれませんが、彼は結構ビジネスマンタイプ、起業して成功しようというタイプです。そして同時に政治にも関心があり、社会を変えるという野心も秘めた人です。慶應義塾大学の湘南《しょうなん》藤沢キャンパスで学び、まだ二〇代のうちにIT企業で成功を収めます。けれども、このまま大金持ちになって六本木ヒルズに暮らして、自分は社会を変えたことになるんだろうか、とある日考えたと言います。

自分が本当にやりたかったのは、自分の力で社会を変えることではなかったのか。ベンチャー企業でお金儲《もう》けするだけではなんかちがうぞ、と彼は自問しました。そのときに社会的起業家、ソーシャル・アントレプレナーという言葉に出会います。アントレプレナー、起業家です。ボランティアではありません。

では、「ソーシャル」とはどういう意味なのでしょうか。それは、この企業は、営利を上げることを目的にしていないという意味です。普通の企業はできるだけたくさんのお金を儲け、株主に配ることが目的です。しかしフローレンスは社会問題を解決することを目指しているのです。お金が儲かったときには、株主に配当するのではなく、組織をより充実させるために使います。

駒崎さんはソーシャル・アントレプレナーという言葉に出会い、これだ！　と思ったと言います。そしてなにをすればいいのか、探しはじめます。そのとき彼は二〇代、結婚もしていません。家政婦をしているお母さんから聞いた、子どもが熱を出すとどこも預かってくれないという話をヒントに病児介護に乗り出します。調べて見ると、確かに学校と保育園はもちろんのこと、病院も預かってはくれません。政府や市役所のような公共サービスも当てにできません。子どもを預かるサービスはありますが、値段がとても高い。そこで彼は、普通の夫婦が利用することができて、信頼できるサービスをつくろうと考えました。

最初は役所から資金援助を得て実現しようと考えましたが、そうするといろいろな縛りが厳しい。施設を設けるには、何平米以上の場所に何人以上子どもの面倒を見る人がいなければならない、などとさまざまな規制がある。まともにそれに対処すると、サービスの値段がどうしても上がってしまいます。そこで彼は、子どもを預かっても良いですよという普通の家庭の人と、いざというときのお医者さんのサポートをつなげていけないかと考えました。

初めはなかなかうまくゆかなかったようです。子どもが風邪をひくのはたいがい冬、十一月から二月くらいの間です。その間はいいのですが、四月から七月、気候のいい時期にまるで商売にならない。これはビジネスとしては重大な問題です。最終的に、掛け捨ての年会費を納める会員制度を導入して、年間を通してうまくやってゆけるようになりました。

面白いことに、厚生労働省がそのシステムを真似《まね》したそうです。「せっかくうまく行くようになったのに、真似されてくやしくない？」と聞いてみたのですが、彼はこんなことを言いました。「自分は社会を変えるためにこれを始めた。社会を変える方法はなんでもいい。まず、いままで誰もやったことのないことを自分でやってみる。あ、うまい仕組みだということになれば、みんなが次々に真似をして広がってゆく。これでいいんだと思った」と。

駒崎さんは社会を変えたいと思う一方で、政治家になりたいとは思いませんでした。そして、いままで役所も企業もやらなかったけれども、あれば助かるサービスはたくさんある。それを実現する方法はアイデア次第だとわかった。何も自分が政治家や権力者にならなくても、あったら良いなと思う仕組みをつくる方法はいろいろある。駒崎さんは、「数で闘ったら絶対に若い世代は勝てない。だったら、自分たちで新しい仕組みを作ってしまえばいい。そのことをいままで「政治」と呼ばなかったことの方が、おかしかった」と言います。

政治とは、社会の問題をみんなで解決してゆくことです。民主主義はそのための方法です。誰か他の人に、問題解決を押しつけるための手段ではありません。駒崎さんの言うとおり、まず自分でやってみせ、それをみんなが真似して社会が変わっていく、それも政治だし、民主主義なのです。

これも駒崎さんに教えられたことですが、NPOに関する税制が変わりました。自分が選んだ認定NPOを指定してお金を出すと、その分を税金から控除してくれる仕組みが導入されたのです。これは革命的なことです。いままで税金の使い道を直接的に指示することはできませんでした(もちろん、議会を通じての統制はできますが)。ところが教育なり失業対策なり、自分が大切だと思うことに税金を使ってもらえるようになったのです。政府任せだった税金の使い道に口を出せるようになったことは、私たちの民主主義にとって重大な変化なのです。

## 世界でいちばん新しい生き方をしている島

私の故郷でもある島根県の隠岐《おき》の島、ここでいま面白い動きがあります。隠岐の島にはたくさんの島がありますが、そのうちのひとつ、中ノ島の海士町《あま》で、これからの民主主義を考えるために絶対に無視できないことが起きています。

ここは本当に田舎です。どれくらいの田舎かというと、隠岐の島への交通は飛行機が一日二往復しかありません。フェリーで行くと三時間もかかります。新聞は昼まで来ません。それも夜中に印刷するのでは間に合わないので、かつては野球のナイターの結果が六回の裏ぐらいまでしか載っていないこともありました。そのくらい早めに印刷しても、届くのはようやく昼過ぎ、本土からの最初の船が来てからです。

海士町には、その隠岐の島からさらに船を使って行くのです。いま隠岐の島全体で約二万人の人がいますが、海士町は人口二三〇〇人くらいです。しかし行ってみると驚きます。町の中にとにかく若い人が多い。しかも港の観光案内施設にはスリランカから来たという外国人もいます。これは、もともとはこの島に縁のなかった人がやってきて定住するIターンの成果なのです。三〇〇人を超える移住者がいて、しかも定住率も高い。

この動きの中心になっている人のひとりが阿部裕志《ひろし》さんです。彼も駒崎さんと同じ世代の、三〇代の青年です。

若い頃の彼の夢は、ロケットを作ることだったそうです。トヨタ自動車で働いているときには、副社長に「トヨタ自動車でロケットを作りましょう！」と直訴《じきそ》したこともあるそうです。ちょっと無謀なところがありますね（笑）。その彼はあるとき思い立って、Iターンで隠岐の島に移住します。ネット関係の仕事をするNPOをつくったものの、最初はやることが全くなかったそうです。

田舎の人は、他所《よそ》から来た人を警戒するところがあります。自分から一生懸命、愛想よく挨拶してもちょっとよそよそしい。仕事もない。そこで彼は草むしりをしたそうです。歳《とし》をとると草むしりはたいへんです。黙って草むしりをしていると、次第に「なんかよくわからん若者が来たが、結構いいやつみたいだ」という感じに気に入ってもらえる。そのうち「お返しだ」と魚をくれたりするようになる。いま高齢者ばかりになってしまった田舎では、労働力はいくらでも必要です。草むしりがお金になったりはしませんが、一旦みんなに認めてもらえれば、物々交換で思いのほか食べていけます。

そうやって暮らしているうちに、彼は、この海士には良いものがたくさんあるのに十分に活かしていない、もっと何とかできるはずだと考えるようになります。阿部さんたちはネット通販を開始します。また、阿部さん自身が手がけたプロジェクトではありませんが、例えば「隠岐牛」の商品化があります。

隠岐には牛がたくさん放牧されています。断崖絶壁を歩いて、足腰がとても鍛えられていますので、肉質はすごくいい。ところが、隠岐の島から本土まで六〇キロメートルも離れていますので、その輸送コストを考えると、いくら質が良くても値段が高くなり過ぎます。商品として成り立たない。そこでこれまで、仔牛《こうし》のうちに松阪に売ってしまっていました。もちろん肉は松阪牛として売られますし、仔牛は買い叩《たた》かれます。

これを何とかしようと、隠岐の人たちは発想を転換しました。いままでも十分に質の高い牛なのですが、さらに質を高め、松阪牛の上をゆこうというのです。安い方が有利な価格競争では大生産地に絶対に勝てません。しかし質ならば競争できる。それならいっそのこと日本一、いや世界一を目指そうというのです。日本一の牛肉になれば、少々値段が高くても買ってもらえます。実際、いまや市場では松阪牛よりも隠岐牛の方が高い値がついています。

いま世界でいちばん進んだ、新しい生き方をしているのは海士町だというプライドを海士の人たちは持っています。その彼らがいまいちばん力を入れているのは教育や人材育成です。町には隠岐島前《おきどうぜん》高校という全学年でも三十人くらいしか生徒のいない廃校寸前の高校がありました。彼らはその学校を復活させようと考えました。島の子だけでは生徒が足りないので、島留学のプログラムをつくり日本各地から生徒を集める。グラミン銀行のユヌス総裁などの世界的な著名人とテレビ電話で対話する特別授業を行う。全国から塾の先生を招いて授業をしてもらう。あの手この手を繰り出して、一学年二学級に倍増しました。じつは隠岐島前高校は県立です。海士町は、基本的には県立高校のプログラムを変えたりはできません。ところが彼らはどんどん学校を変えるアイデアを出し、障害も乗り越えてゆきました。いまでは大学を作ろうという声まで出ています。

島ではそのほかにもいろいろな工夫を繰り出しています。Iターンの制度にも工夫があります。いくら海士町はいいところですよと言われても、一生涯住めるかどうか普通は考えてしまいますよね。コンビニもない町ですし。そこで海士町ではIターンの人に、二年間研修生として受け入れ、食べていけるくらいの仕事をまわし、住まいを提供する。二年経ったところで帰りたければ帰ってもいい。そのかわり二年の間に島のもので何か良いものを見つけて、産業化するアイデアを出して欲しいと言っているのです。いいアイデアには町役場がお金を出して事業化します。岩牡蠣《いわがき》や隠岐牛やお茶、それに安倍首相が所信表明演説で取り上げて話題になった「さざえカレー」など、そこからヒット商品が次々に生まれました。

新しい移住者ばかりが活躍しているわけではありません。自治体には総合振興計画というものがありますが、それを策定するとき、海士では一年間かけて新旧の住民が議論しました。そして「町の幸福論」というタイトルの計画を作りました。「海士町をつくる24の提案」という素敵な別冊まで付いています。ここには「一人でできること」「十人でできること」「百人でできること」「千人でできること」に分けられた具体的な提案と、どの窓口に相談すればいいかというアドバイスまで書かれています。いまや海士町には若い人が増える一方。彼らはここから日本社会を変えようと血気盛んです。こういう社会の変え方もあります。

## 文句を言うことが民主主義ではない

これまで私たちは民主主義を勘違いしていたのかもしれません。自分では何もせず、ただ文句を言うだけでは本来の民主主義とは呼べないのかもしれません。古代ギリシアで生まれた民主主義は、デモクラシー、すなわち「デーモスの支配」を意味しました。デーモスは「民衆」「普通の人びと」の意味で、元々は必ずしも良い言葉ではありませんでした。デモクラシーの反対語にアリストクラシー（貴族政治）という言葉がありま す。このアリストは「優れた人」という意味です。

デーモスによる支配を意味するデモクラシーには、たとえそれがどんなに優れた人だとしても、すべてを一部の人に任せてはダメだ、ごく普通の人びとが自分たちの力で社会を運営してゆく、人任せにしない、という意味が込められていました。フローレンスの駒崎さんや海士町の阿部さんたちの活動は、本来の意味で、民主主義の実践なのです。民主主義はこんなふうに、みなさんにもつくることができるものなのです。

（この授業は二〇一四年二月一日に行われた）

## ◎若い人たちへの読書案内

「何か薦める本は？」と聞かれたら、まずはうんと長いものを読んでみようと言いたい。え、短い本でも読むのが大変なのに、長いものなんて読みたくない？　うん、その気持ちは僕にもわかる。正直に告白すると、僕も中高生の頃、そんなに本を読んでいたわけではない。学校から課題図書などを指定されると、ヒーヒー言っていたことを思い出す。

でもね、君だって好きなことなら、いくらでも飽きずにできるだろう。本もそんなところがある。気に入った本なら、意外に長い本も苦にならない。例えば僕の場合、三国志が好きだった。最初は図書館で借りた子ども用の本だったけれど、そこで火がついて、**横山光輝**《みつてる》の漫画**『三国志』（潮出版社）**を全巻読んだ。さらにじっくりとこの本を読みたくなったため、今度は**吉川英治**《えいじ》の**『三国志』（講談社）**に挑戦した。活字で読むのは大変だったけれど、そのぶん読み終わったときにはとにかく達成感があった。なんか「読んだぞー」という気がした。

それで何かの役に立ったかって？　とにかく中国史への関心に目覚め、その後もあれこれ読んだので、世界史の勉強のうち、中国史の部分だけはなんの苦にもならなかった。とにかく長いものを読むと自信になる。「自分はやり通した」と思えるのは貴重な経験だ。

次に薦めるとすれば、一度気に入った著者がいたら、その人の作品を片っ端から読んでみることかな。僕の場合、高校の国語の定番、**夏目漱石《そうせき》**だった。最初は**『こころ』（新潮文庫他、以下も同様）**を教科書で読み、全部読もうと文庫本を買ってきたのを覚えている。でも実を言うと、漱石の一番面白い本は『こころ』ではないかもしれない。**『坊っちゃん』**も、**『三四郎』**も、**『吾輩《わがはい》は猫である』**も傑作だと思う（ちなみに『猫』は意外と読むのが難しいけれど）。**『それから』**とか、**『門』**、**『明暗』**などはなかなか手が出ないと思うけれど、**『道草』**などは自伝的作品で、意外と読みやすいかもしれない。

気に入った作品に出会ったら、その著者ととことん付きあってみること。これはとても勉強になる。その人のいろいろな顔がわかるし、こちらの理解も深まる。あの本でああ書いていたのは、この本のここと関係があるかもしれない。そう思ったら、それは君の著者への理解がぐんぐんと深まっている証拠だ。

そうだ、僕の本も紹介していいかな。僕らの本、と言うべきかな。**『大人のための社会科――未来を語るために』（有斐閣）**は、仲間の財政学者や経済学者、歴史学者と書いたものだ。タイトルは「大人のための」とあるけれど、もちろん中高生のみんなに読んでもらえるとうれしい。この本は学校の社会科の教科書とは別に、社会を考えるための大切なキーワード、例えば「ＧＤＰ」とか、「時代」とか、「公正」について突っ込んで考えた本だ。僕は「私」と「信頼」、それから「希望」について書いた。ぜひ読んでみてほしい。

# 人文知と大学

——ゲンロンカフェ開設物語

東浩紀

あずま・ひろき
一九七一年東京都生まれ。九四年東京大学教養学部教養学科第一科学史・科学哲学分科卒業。九九年同大学大学院総合文化研究科博士課程修了。二〇一〇年に合同会社コンテクチュアズ（現・株式会社ゲンロン）を創立。『思想地図β』（不定期刊行）を新創刊した。同誌vol. 1〜3のほか、一二年七月にvol. 4-1『チェルノブイリ・ダークツーリズム・ガイド』、一三年一一月にvol. 4-2『福島第一原発観光地化計画』を発表、編集長を務める。著書に『クォンタム・ファミリーズ』『弱いつながり 検索ワードを探す旅』、『ゲンロン0 観光客の哲学』など多数。

## 「死の街」のはずのチェルノブイリに観光客？

例えば、自分の本を出したいと思ったとき。君たちならきっと書く内容について真っ先に考えるんじゃないかと思う。「どんな内容について書けば認めてもらえるのか？」「どんなふうに書けば売れるのか？」──でも、これからの時代はそれだけじゃダメ。むしろ「どこで書くか」「どういう媒体で書くか」ということを考えるのがすごく重要になる。

これからの時代におもしろいことをやるためのヒント。僕が今日、君たちに伝えたいのはそういうことだと思ってほしい。

さて、この映像を見てほしい。これはチェルノブイリ原子力発電所だ（写真1）。いきなりチェルノブイリって言われても、当然ピンと来ないかもしれないね。

今回、福島第一原発で起きた事故に日本は大騒ぎしているけれど、実はその二五年ぐらい前、チェルノブイリというウクライナのちっちゃい都市で、似たような原発事故があった。それで世界中が大騒ぎになった。もともと日本っていうのは、広島と長崎での被爆経験もあって、そういう放射能問題に対して非常に関心が深い国だといえる。実際、一九八六年にチェルノブイリの事故が起きたときも、広島から放射線医学に詳しい人たちが派遣されたりした。つまりチェルノブイリと日本っていうのは、ある種の協力関係にある。

だから福島の事故が起こった後、当然チェルノブイリも再び注目されるようになって、それに関する報道も増えた。じゃあそこでどんな報道がされているかっていうと、基本的にみんな同じ、「チェルノブイリは今でも死の街である」「廃炉作業はまったく終わらない、放射能は今でも高い、人々は後遺症で苦しんでいて大変だ――これが福島の未来だ！　ジャーン！」っていう感じ。これは書籍でもそうだし、ネット上での情報もそう。

ところが、もう少し調べていくと、意外な情報がいろいろポロポロ出てくる。どういう情報かというと、なにやら「チェルノブイリツアー」っていうのがあって、けっこう観光客が集まっているらしい、とかね。特に二〇一二年は、ウクライナとポーランドの共催で「ユーロ2012」というサッカーの大きな大会があったおかげで、外国人がいっぱいウクライナを訪れた。実際ネットで検索すると、Tシャツ&短パン姿の若者たちが、事故を起こしたチェルノブイリ原発四号機の前でガッツポーズをしている写真なんかが出てくる。

これはなんだろう？　なんでこんなことになっているのか？　チェルノブイリは死の街じゃなかったのか？——けれど不思議なことに、その現状についての報道は、ほとんどない。だから僕は実際に行って確かめることにしたわけだ。

写真1　『チェルノブイリ・ダークツーリズム・ガイド（思想地図β vol. 4-1）』（ゲンロン、編集・発行人・東浩紀）。表紙の写真はチェルノブイリ原子力発電所4号機。

## いまだ眠らない原子炉のふもとで見たもの

これがそのときのことを記録した本。まさに旅行ガイドみたいな感じで取材に行ってきたことがわかるでしょ。その名も『チェルノブイリ・ダークツーリズム・ガイド』。

せっかくなのでいくつか写真を紹介しよう。これが事故を起こしたチェルノブイリ四号機だ（写真1）。ここに見える建物は、石棺って呼ばれるコンクリート。原子炉の燃料、すなわち放射性物質を覆っているシェルターなんだ。つまり、これ自体が原子炉じゃなくて、本当はこの中に原子炉がある。ところが事故を起こしたので、ドカーンとその上にシェルターをつくったわけ。

なんでこんな物をつくっているかというと、いまだに廃炉できていないから。ちなみに、専門家にいろいろ話を聞いたうえでの、僕の個人的な意見をあえて言わせてもらうと、おそらく福島第一原発もチェルノブイリと同じで、廃炉はたいへん困難。メルトダウンしてしまった燃料棒というのは、鋼鉄の格納容器と混ざり合って、どういう形になっているかもよくわからない状態で溜《た》まってしまっているからだ。しかも福島原発の場合は、ある意味ではチェルノブイリよりも深刻。チェルノブイリの場合は原子炉が一基なんだけど、福島は三基なんだよね。だから廃炉はむずかしい。君たちが僕の年齢になったときにも、福島第一原発の燃料棒はそのままあそこにあるっていうのが、予想される未来だ。つまりチェルノブイリと同じような感じで、シェルターみたいなものをつくって、とりあえず周りに放射性物質が飛び散らないような状態で格納し、覆っておく。そして、いつか未来の人類が、廃炉できるテクノロジーを探してくれるのを待つという方向だと思う。

少なくとも現段階でチェルノブイリの場合はそうなっている。だから、この中に燃料棒が、非常に高レベルの核物質がある。あるんだけど、なんと近くまで行けちゃう。ここが非常におもしろいところ。

チェルノブイリ原発って、なんとなく、ドカーンと爆発して、周り全部が死の街みたいになっているんじゃないかと思うでしょ？　まあ君たちにとってはもうそれすらもイメージできないかもしれないけど、日本ではだいたいそういうイメージ一色で捉《とら》えられている。

たしかに、チェルノブイリ原発事故というのはすごく悲惨な事故だった。後遺症で苦しんでいる人も多いし、廃炉作業もできてない。今でも大変な損害を与え続けている事故なのは間違いない。

でもその一方で、チェルノブイリ原発というのは、実は今でも動いている。これは原子炉が活動を続けているとかそういう意味ではなく、ちゃんと発電所として稼働しているということ。チェルノブイリ原発っていうのは、旧ソ連がつくった電力網のハブになっていて、そこを通っていろんな電気が行ったり来たりしているので、そのための事業所としての機能っていうのは継続させるしかない。それに、四号機は事故を起こして爆発してぶっ飛んじゃったけど、一号機から三号機は無傷だし管理棟も無傷なまま。福島原発みたいに津波や地震があったわけじゃないから他の場所は無傷なんだ。そうした無傷の建物は今でもそのまんまあって、そのまんま昔と同じように、中で人が働いているわけ。八六年の事故によって、全部ゼロになったとか、全部が「死の街」になったわけじゃない。そして普通に見学もできちゃう。

## 産業遺産として「かっこいい」ということ

実はこの本、グラビアがすごく「かっこいい」。例えば、これはチェルノブイリ原発の近く（写真2）。近づいて行くとこういう光景が見える。なんかエヴァンゲリオンみたいでしょ。実際、SF的というか、ある意味ではまさにエヴァンゲリオン的な光景でもあって、ここにあるのは全部送電線なんだよね。さっき言ったように、チェルノブイリ原発っていうのは、電力をつくっているだけじゃなくて、ここから旧ソ連じゅうに向けて送電線が張り巡らされている。だから周りは送電線だらけ。地平線からこれがドドドドドと押し寄せていく。その光景がすごくかっこいい。

これは二号機の制御室（写真3）。もう今は動いていないけれど、事故を起こした四号機の制御室とまったく同じ形になっている。ちなみにチェルノブイリ原発の事故っていうのは、基本的には人為ミスだった。実験中に、本当だったら動かしちゃいけないハンドルを上げちゃったために爆発したっていうのが事故の構造だといわれている。その事故を起こした制御室とまったく同じものを、こうやって実際に見られるわけだ。そして、これがまた実にかっこよくつくられているんだよね。そもそも全体が七〇年代の旧

上：原発近く（写真 2）
下：2 号機制御室（写真 3）
撮影＝新津保建秀、提供＝ゲンロン

ソ連のデザインなんだけど、これ、気をつけるべきなのは、デジタルなモニターとかがまったくない点。ここにブラウン管のモニターみたいなものがちょっとだけあるけど、他にはないよね。要はすべてがアナログメーターとボタン、ハンドルでできている。ここにあるのは七〇年代、もう僕たちの世界には存在しなくなってしまったインターフェイスデザインなわけだ。設備がいろいろとかっこよくて、現地に行ったら震えるよ、皆さんも。実際、僕たち取材陣の中からは「うひょー!」みたいな声が上がった(笑)。なんだか不謹慎に思われるかもしれないけれど、でも、デザイン自体は本当にかっこいいのだからしかたない。産業遺産としては、これはすごいことだと思う。

## 特定の方向性ばかりが正しいわけじゃない

この取材はとにかくおもしろかった。日本ではあんまりインタビューしていない人の話もけっこう聞けたし、チェルノブイリの街を実際に見ることができたのも新鮮だった。

つまりチェルノブイリ市っていうのは、今でも「生きている街」なんだ。そもそも、チェルノブイリの街とチェルノブイリ原発っていうのは十五キロくらい離れている。日本の感覚だと、福島第一原発と南相馬ぐらい離れているんだよね。それにさっき言ったみたいに、チェルノブイリ原発には送配電機能もあるし、廃炉作業も進めなきゃいけないから、そこで働いている人たちをサポートする必要がある。そのために、チェルノブイリ市っていう街もちゃんと生きて機能している。人は住んじゃいけないんだけれども、食堂もあるし、バスターミナルもあるし、売店もある。車も動いているし、人も歩いている。だから、みんなが想像するのとはまったく違う光景が広がっているわけ。

そして、なんで君たちにこんなこと話しているかっていうと——福島も同じようなことになるだろうってことなんだよね。

実は、こういうことを紹介している本は、日本には他にない。

日本でチェルノブイリの本をつくる場合、たいていは子どもが放射能被害で苦しんでいるところから始まって、なんとなく廃墟《はいきょ》みたいな写真ばっかり続く。写真もだいたい白黒。僕が紹介したみたいに、「これSF的にかっこいい」みたいな写真は、まず出てこない。ああいうグラビアをギラギラ載っけたりなんてことはそもそもしないんだよね。だから、僕の本を見て怒る人も当然いるかもしれない。でも、それは裏返せば、今までの日本のチェルノブイリ報道っていうのは、一つの方向性を持っているってことなんだ。ある特定の方向性。そして、その方向性というのは、いつも絶対に正しいというわけではない。

## 「正しい取材」ってどういうこと？

ちなみに今回の取材の主なメンバーは、僕と津田大介さんと開沼博さんの三人。ツイッター活用の先駆者として有名なあの金髪男と、『「フクシマ」論 原子力ムラはなぜ生まれたのか』という本で毎日出版文化賞をとった三〇歳そこそこの社会学者だ。もちろん、三人ともチェルノブイリやウクライナの専門家なんかではない。加えて僕たちは反原発運動家というわけではないし、そういうような構えもない。なんの先入観もないし、そもそもこういう取材に慣れてすらいない。つまり、取材の結論が決まってない状態。ある意味で、僕たちは完全にノープランだったわけだ。本の概略が見えないまま現地に行って、おもしろそうだと思ったものを取材しただけ。普通ならこういう取材はさせてもらえない。

例えば新聞取材の場合、チェルノブイリに人を送るとなれば、やっぱりチェルノブイリについて論考を発表していたり、何かの考え方を持っていたりする人を送る。カメラマンだって報道写真家を名乗るような人を連れて行く。けれど、僕たちの取材に同行した新津保建秀《しんつぼけんしゅう》さんという写真家は、いわゆるグラビア撮影をやっている人。〝ももクロ〟の撮影っていえばピンと来るかな？ つまり本来は女の子を撮るのが得意なひと。なんでそんなひとを連れてくか？ それは僕の知り合いだからというだけであって、そこにはなんの必然性もない。でも、だからこそ、報道写真とはまた違う、ああいう独特の味を出しているかっこいいグラビアが撮れたわけだ。

要するに、僕らが行った取材は、普通のチェルノブイリ取材っていうのとは根本から違う体制になっているわけ。普通ならチェルノブイリ問題の専門家と報道写真家を連れて行くところが、僕はツイッターのジャーナリストと、ももクロの写真家を連れて行っている（笑）。当然ながら反原発という構えではない。するとやっぱり変わったものをつくることになる。

でも、変わったものをつくっているからといって、真実が明らかにならないってことではけっして、ない。ただ単に、報道写真家を連れて行った場合には僕らのような写真は撮らないということにすぎない。

だから、チェルノブイリの取材にいかにもふさわしい人を送り込むことが正しいかっていうと、必ずしもそうではないと僕は思う。最初から結論が見えてしまっている取材をみんなが行っても意味がないと思ってしまう。

## 「現実」は切り口ごとに異なった姿を現す

例えば、こうした原発周辺の映像にくっついてくるキャプションっていうのはもう決まっている。

「今でも人々は後遺症に苦しんでいる。チェルノブイリは終わっていない」――いつもたいていこんな感じ。

ところが、そういう固定観念を崩すアイテムが最近になって出てきた。このセーフキャストっていうシステムを使うと、GPSと連動したガイガーカウンターの記録マップを表示することができる。これは非常に便利なシステムで、チェルノブイリの放射線量もひと目で確認することができるんだ。すると意外な事実が見えてくる。

立入制限区域は「ゾーン」と呼ばれているんだけれど、入口には検問所があって、そこから先はもう立入禁止区域になっている。でも実際の線量は〇・一マイクロシーベルト。これ、じつは東京と変わらない。しかも先にどんどん進んでいっても数値はあんまり変わらない。〇・一～〇・二程度。「えー？」って感じなんだよね、本当に現地に行ってみると。チェルノブイリの放射線量が東京と変わらない――これはけっこうショッキングな事実だ。

まあ原発があるところはたしかに高い。この本（『チェルノブイリ・ダークツーリズム・ガイド』）の冒頭に地図を載せているんだけど、そこで、真っ赤になっている箇所は二・一八といった数値になる。でも黄色だと〇・七～〇・八程度。これは君たちも調べてみればわかることだけど、郡山《こおりやま》市や福島市の放射線モニタリングマップでも出てくるような数字なんだ。

チェルノブイリがつくりだした「死の街」というイメージですごく有名な場所がある。それがプリピャチっていう街。

この街は、原発事故でドッカーンと爆発が起きたときに強制避難区域になった場所で、今は廃墟になっている。チェルノブイリの写真集なんかで見ると、だいたいがモノクロで、すっごく寂れた感じの雰囲気がぷんぷんして、人類文明の終焉《しゅうえん》みたいなグラビアになっていることが多い。でも元被災者の方に案内してもらいながら僕たちが現場で放射線量を測ってみたところ、意外にも〇・二〜〇・三程度の数字しか出てこなかった。ところが他の取材者はそれを知っていても「低い」って書かない。なんで書かないかっていうと、最初から「死の街」っていう写真集をつくろうと思って取材しているからなんだよね。

とはいえ現実っていうのはホントに厄介だからよくよく気をつけなくちゃいけない。これだけ聞いていると「なんだ、チェルノブイリってけっこう安全じゃないか」っていう気がしてくると思うんだけど、繰り返し強調する通り、廃炉はされていないし、石棺というところにはメルトダウンした燃料棒がまだ存在して、すごく高レベルの放射線を出している。当然ながら危険だし、後遺症で苦しんでいる人たちも福島に比べればかなり多い。だから悲惨な事故だということは絶対に間違いない。でも、それと同時に、廃墟に行っても意外と放射線が低かったりする。

この事実をどういうふうに理解したらいいのか——難しいんだけど、現実っていうのはすごく複雑で、「チェルノブイリ=死の街=空っぽな廃墟」みたいな、そういう簡単な図式では捉えられないということなんだ。

それは今後の福島を考えていくうえでも非常に大事なことで、「福島はもう安全なんだ、放射能なんか気にしなくていいんだ」っていうのも極端だし、逆に「福島第一原発周辺地域は危険だから、全部『死の街』にしてこれからは放射性廃棄物のゴミ溜めみたいにするしかないんじゃない?」みたいな意見もまた極端な話なんだよね。

つまり現実っていうのは、あくまでそれらの間みたいなところにしかなくて、切り口によっていろんな姿で見えるということにすぎないわけだ。

## クラウドファンディングの可能性とは

じゃあ、多様な姿を見せるにはどうすればいいか。ありていにいえば、既存のマスコミとは違う切り口から書いたり撮ったりができるスタッフを連れて行けばいいということになる。ところがそこには大きな問題も生じる。ずばり、お金。要はマネタイズの問題に行き着く。

僕らがなぜこういう変わった取材体制を組めたかっていうと、僕が、僕の雑誌で、僕のお金で行っていることだから。朝日新聞とかNHKとか、もしくは講談社からお金を引っ張ってきて取材に行くなんてことになったら、こんなことは到底できない。

つまり重要なのは、ファンディングというものをどうつくるか。これが最終的にある種の柔軟さを満たすための要件になる。

実は今回の取材の基盤になったのはキャンプファイヤーっていうクラウドファンディングだった。クラウドファンディングっていうのは群衆（crowd）と資金調達（funding）を組み合わせた言葉だ。ある志を持った人や団体に対する資金を、インターネットを通じて不特定多数の支援者から集めて実現する手法のこと。このクラウドファンディングにはいくつかプラットフォームがあって、僕たちが資金調達のための呼びかけをしたのはキャンプファイヤーというところだった。

僕は最初すごく弱気だったので、まずは目標金額を一〇〇万に設定しておいた。こんなものに人が集まるわけがないと思っていたから。

で、結果はどうなったか？　なんと六〇九万五〇〇一円も集まっちゃった。六〇〇万ってかなりの額だよ。ただそのうちの二割はキャンプファイヤーに持ってかれちゃうんだけどね。とにかく四八〇万円は集めることができた。

そもそも取材ってけっこう大変なんだよ。僕と開沼さん、津田さん、写真家、それにビデオ班が二人、会社のスタッフ、通訳、あとオブザーバーとして一緒に同行した人がそれぞれ一人。合計九人で動いていたんだけど、それだけの人数がいると単純に旅費だけでもかなりの金額がかかってしまうことがわかる。さらにDVDをつくる費用なんかも入ってくるから、別に四八〇万でウハウハとかではまったくないわけだけど、逆にこれだけの費用をすべて自腹で賄わなければいけないとなると気が遠くなるよね。そのお金が集まったということ自体がもう素晴らしいわけ。

このクラウドファンディングは君たちだって当然利用することができる。こういう手段を使うことで、これからの時代はいろんなことが可能になるということを覚えておいてほしい。

## 好奇心がもたらす価値を殺さないために

さて、なんで今回のチェルノブイリの取材がおもしろかったかっていうと、さっきも言ったみたいに、まったく専門家でない人たちが現地に行っているからなんだよね。まったく専門家でない人たちが、好奇心のまま取材に行く。これ、僕はすごく大事なことだと思う。

日本では昔から、文学者や作家が書くエッセイのようなものが、知識人のなかで重要な役割を果たしていた。彼らは専門のジャーナリストではないんだけれど、特有の目で見ていて、後々時代の重要な証言になるということがたくさんあったからだ。有名なところでいえば、夏目漱石《そうせき》の『満韓ところどころ』。このエッセイのなかで漱石は、満州人が麻雀《マージャン》をやっているのを日本人で初めて発見している。「四人ぐらいで卓を囲んで、何か四角いものをカチャカチャやっている。あれはなんだ?」っていう感じ。それを菊池寛が日本に導入したわけだ。じつは文藝春秋社は一時期、雀荘化していただとか、雀牌《ぱい》を売っていたって話もある。正確なところは僕にはわからないけど、どうやら文学と麻雀には非常に深い関わりがあるらしい。その起点になっているのが漱石のエッセイだということを考えれば、ちょっとおもしろいと思わない？

彼らの書いたものというのは、専門の社会学者やジャーナリストってものが持っている、ある種の切り口からはちょっと離れている。社会的問題意識をしっかり持った切り口から少し距離をとってみたときに、初めて見えてくる別の現実の姿を写し取っているんだよね。これが人文知のなかで非常に重要な役割を果たしていたんだ。

ところが、今では文学者の地位も地に堕《お》ち、そして出版業界も長く続く不況に苦しんでいる。当時みたいに、作家やクリエーターを好奇心の赴くままいろんな場所に派遣するようなおもしろい企画がもうできなくなってしまった。この国は、そういう大切なジャンルを失いつつある。

じゃあそれをどうやって回復するか？――「もう自分でやるしかない」っていうのが僕の結論。今回のチェルノブイリ本も、僕の中では文学的な伝統にもつらなるものだって思っている。

僕は今、ゲンロンカフェという、ちょっと変わったイベントスペースを運営している。

朝日カルチャーセンターとロフトプラスワンの間をとったみたいなコンセプト、っていえば伝わりやすいかな？　北田暁大《あきひろ》さんっていう社会学者の方なんかにも公認してもらっていたり、なにかと話題は集めているという自負はある。例えば、ジャーナリストの安田浩一さんと僕で「ネット×愛国×未来　在特会から見る現在の日本」というタイトルで対談したり、他にも村上隆さんと「カルト映画としての『めめめのくらげ』」、それに堀江貴文さん、あのホリエモンと「電子書籍はなぜ使われないのか」なんていうテーマで話し合ったり、とにかくいろんな角度からトークイベントを行っている。

そもそもなんでこんなことをやっているのか。それは僕の中に「新しい学校をつくりたいな」っていう思いがあったから。

## 文系に必要なのは領域を横断する知識

ところで、理系と文系の違いってなんだと思う？

実はこれ、簡単。理系っていうのは人間以外のものを扱って、文系っていうのは人間のことを扱う。おおまかにいえばそれだけ。

もちろん、人間以外のものを扱うっていうことにもいろんなレベルがあるんだけど、ただ一つはっきりしているのは、理系っていうのはある程度専門化しても大丈夫だっていうこと。例えば、星と植物はまったく別の対象でしょ？　学問の対象がかけ離れている。だから星について研究している人は基本的に星のことだけ考えていればいいし、植物のことを研究している人は植物のことだけ考えていればいい。専門分野をちゃんと守って。まずは専門知というものを積み上げて、ある程度訓練を積んだ後に他の分野との領域横断的な交流をすればいい。

ところが、文系の場合は原理的にこれができない。例えば法律って、政治や社会から簡単に切り離される対象じゃないよね。法学も社会学も政治学も、境目があいまいなまなんとなく学問として成り立っている。つまり文系の世界に明確な境界なんてものはないんだよね。

文系の学問っていうのは、対象としているものが「人間」もしくは「人間のつくりだす社会」っていうことだけが決まっているだけ。文系にとっての専門というものは、対象がきちんと分かれているわけじゃなくて、ある視点によって勝手に分かれているだけなんだ。みんな同じ物を見ているはずなのに、誰かの視点によって便宜的に分けられているにすぎない。

だから理系と文系っていうのは、そういう意味では本来、スタート地点が全然違わなきゃいけない。理系はいきなり専門家として始めていい。でも文系は、最初から専門家として始めるわけにはいかない。もっと基礎的な部分、むしろ領域横断的なことをしなきゃいけない。けれどそれはものすごく難しいことでもある。

ちなみに東京大学の文Ⅰ・文Ⅱ・文Ⅲの場合、学生はみんな一回、教養学部に入ることになっている。このシステムは、第二次世界大戦に日本が負けたことに対する反省に基づいているらしい。要するに、大学生をいきなり専門化してはいけない、より良い人間形成のためにはまず基礎的な教養、領域横断的な教養を付けさせるべきなんだっていう発想で学部が設置されている。

いずれにせよ文系的な知っていうのは、最初に領域横断的なものがなければいけない。領域横断的なもの——簡単にいうと、この世界にはいろんな学問があって、いろんな人たちがいるっていうことを、若い頃に体感することがすごく重要だと僕は思っている。

ところが、今の大学ではそれを実現するのはとても難しい。大学自体の規模もすごく大きくなっているっていうこともあるし、最近の大学はほとんど就職予備校化してしまっている。だから、かつての大学で行われていたような領域横断的な試みは求めるべくもないというのが現状だ。

そういうわけで僕は、さっき紹介したゲンロンカフェのようなイベントスペースを通じて、何かできたらいいなと思うようになった。

ちなみに僕自身、この特別授業でも講師を務められた柄谷行人さんにはすごくお世話になった。僕が二〇代を過ごしたのは九〇年代なんだけど、その頃は柄谷さんと浅田彰さんという人がたいへん活躍されていた。その柄谷さんと浅田さんの二人が『批評空間』という雑誌を主宰していて、その周りにいろんな若い人が集まる空間が自然と形成されていたんだ。当時は今みたいにインターネットがなく、当然ソーシャルメディアもないので、ある意味、口コミだけで広がっている世界。そういう特別な空間が大学の外にあった。それは出版を基礎としたものだったのね。

例えば新宿とかに編集者なんかが集まる飲み屋みたいなものがあって、そういうところに浅田さんや柄谷さんに連れられて行く。そこで一流の人たちと会わせていただいていた。浅田さんや柄谷さんはすごい有名人だから、そういう出会いも必然的にいっぱいあった。芥川賞《あくたがわ》の作家とかね。そういう人たちに若いだけの無名の頃にいっぱい会えたっていうことは、やっぱり僕の人生のなかで糧になっているような気がする。

じゃあ、今ならそういう空間をどうやってつくるか？――僕はそんなことをここ十年間くらいずっと考えてきた。

## 組織人としておもしろいことがやりにくい時代に

彼らがやっていたことっていうのを僕の世代でやれるとしたら、どういうかたちがあり得るのか、いろいろ考えた。出版社と組んでみようと思ったり、大学で何かできないか模索してみたり。でもあんまりうまくいかなかった。例えば、今の出版社はそんなに余裕がない。要するに、お金の余裕がない。その点、九〇年代の出版社ってすごく金持ちで、僕なんかただの大学院生だったのに何万円もかかるタクシー券を出してもらったりした。ところが、そんな楽しい時代はもうなくなってしまった。日本はどんどんお金がなくなっていって、いつしかそういう場もなくなった。

やっぱり簡単な話、場所や食べ物を提供しないと若い人は集まってこないんだよね。「研究会をやるから参加費二〇〇〇円ください」なんて悠長なことをいっても人は集まってこない。ある種のお祭りみたいなものがないと人は集まってこない。

そういうお祭りみたいなものも、昔の出版社なら自由にできた。うれしいことに、当時は経費っていうものがあんまり細かく内容を問われないものとしてざっくりあって、若いやつらを集めて「飲めよー」なんていえちゃう気前のいいことが可能だった。その残滓《ざんし》ってものがあったのが九〇年代。でも、それが二〇〇〇年代に入るとどんどん金銭的に不自由になっていって、出版社もそんなふうにして若いひとを集めることができなくなっちゃった。そういう時代を知っているはずの編集者も、偉くなってからはそういうことをやらなくなった。だから僕が考えていたことを出版社と組んで実現するというのは難しくなってしまった。

一方、大学はどうかっていうと、やっぱりここも不自由なんだ。大学の場合はまた出版社とは別の問題で、お金っていうよりも、むしろ世間の目みたいなものがどんどん厳しくなってきていることに起因する。要するに、今の大学でむかしと同じ感覚で学生を連れまわすと、すぐに「ハラスメントだ！」なんていわれちゃう。いわゆるパワハラ、アカハラ（アカデミック・ハラスメント）って呼ばれているものだね。そういうギスギスした不自由な空間で師弟関係をつくるのは非常に難しい。

日本社会にはある時期まで、大きな組織に所属しながらも実質個人として動いている自由な社員っていうものが必ずいたわけ。どんな業界にもけっこうな人数がいて、特に出版関係では顕著だった。実際にやっていることといえば夜な夜な文壇バーで飲んでいるだけに見えるんだけど（笑）、なぜかみんなから名編集者と呼ばれて一目置かれている。そういう伝説みたいな人たちが昔はゴロゴロいたんだけど、今はそんなの即刻クビ切られる時代。そういう意味では、大きな組織に属しながら個人としておもしろいことやるのがだんだん難しくなってきているんだよね。

## ネット時代の今だからできること

じゃあ、その代わりにどんなことができるようになったか？

――さっきからどんどん暗い話に聞こえているかもしれないけれど、ちゃんと明るい話もある。その代表が前述のクラウドファンディング。これは逆にネット時代の今じゃなければできないことなんだ。少なくとも九〇年代にはありえなかった。

僕のゲンロンカフェだってそう。ゲンロンカフェのイベント情報は出版メディアにはほとんど出てない。だって広告を出してないから。広告を出さないほうが経費は格段に安くあがる。経営的にはそちらのほうがいいんだけど、その代わり宣伝もしてもらえないから、従来ならそれは難しい選択だった。

じゃあゲンロンカフェではどうやってイベント情報を広めているかというと、実はツイッターなどのソーシャルメディアで盛り上げているだけなんだ。ゲンロンカフェの場合はPeatixというサイトでチケットを販売している。こういうチケット販売メディアの良い点は、フェイスブックやツイッターと連動していて、実際にチケットを買った人のアカウントが見えるようになっているところ。すると「あの人が行くんだったら私も行く」っていう動きがソーシャルネット上で連鎖していく。これはものすごく集客効果が高い。だからこそ僕のイベントは広告費出して宣伝しなくっても大丈夫なわけだ。

ちなみにツイッター上で告知しただけで一〇〇人分のチケットが売り切れたこともある。一〇〇人を集客するとなると、昔はすごく大変だった。広告費の制限がある以上、まずはイベントがあることをどこで告知するのか十分吟味して決めなきゃいけない。それに申し込みも昔はハガキや電話でコツコツやっていたから予約の取りまとめ自体も大変だった。それが今は一瞬で片付く。これは非常にありがたい。

こうして眺めると、インターネットが出現したおかげでダイレクトにお金や人を集めやすくなっていることがわかると思う。昔みたいなやり方はできなくなっているとはいえ、発想を変えれば今でも十分おもしろいことはできる。僕がやったように、自分で会社を立ち上げたり、こういうイベントスペースを運営したりするほうが、結局はおもしろいことができるんじゃないかっていうことなんだ。

## おもしろいことを可能にするのは誰なのか?

とはいえ、インターネット時代の過酷なところは、集客力の違いもはっきり表れること。本の評判自体は悪くないし、それなりに業界では名前が売れている人ですら、定員五〇名なのに五名しか予約が集まらないこともある。それがまた見えてしまうっていうところがソーシャルチケッティングの問題。一度その状態が見えちゃうと、他の人ももう買わなくなっちゃうんだよね。どんどん売れるものは加速度的にどんどん売れるんだけど、売れないものは余計に売れなくなる。この点は覚悟しておかなきゃいけない。

でも、ある種の不自由さと引き換えに得た自由はこの時代にもいっぱいあるはず。昔なら考えられないようなこともできるようになっているので、君たちのような若い世代はその可能性を十分に活かしてほしい。

もちろん大学には行っておいたほうがいいと思う。だけど、これからの時代の大学って、基本的にはおもしろくないはずなんだよ（笑）。特に人文系の学部。大学の文系の学部で何かをやるっていうことはどんどんつまらなくなっていく時代になるのは間違いない。それはさっき話したように、おもしろいことができる余裕がなくなってしまっているから。

大学っていう大きな組織の中に所属して、何かのルールを身につける、スキルを身につけること自体は確かに大切だけど、そこに所属したままおもしろいことができるなんて期待しちゃいけない。もし何かすごくおもしろいことをやろうと思ったら、新しい技術やネットワークを使いながら、自分でお金を集める手段を講じる行動力が必要になってくる。今日いいたかったのはそういうこと。僕がやってみたようなことがそのヒントにつながってくれればいいなと思う。

（この授業は二〇一三年五月二五日に行われた）

## ◎若い人たちへの読書案内

**プラトン『ソクラテスの弁明』**

言わずとしれた西洋哲学の起源の書物。ソクラテスは紀元前五世紀のアテネで活躍した古代哲学者。ソクラテスの哲学の本質はひとことでいえば「飲み会でいろいろなひとにいろいろツッコむ」ところにあって、それは好きなひともいれば嫌いなひともいた。当時のアテネは長い衰退期にあったこともあって、晩年のソクラテスはアンチのアテネ市民に弾劾され死刑になってしまいます。本書はそのときの裁判の記録なんだけど、これが力強い。哲学とはなにか。哲学と政治はどのような関係をもつべきか。平易な言葉だけど重要なことが書いてあります。とくにぼくが好きなのは「哲学者はアブみたいなもんだ」という言葉。アブはうるさい。役にも立たない。自分はそういう存在で、うるさいアブがいないとアテネ市民は寝てしまうのだからその点では役にも立っているのだけど、とはいえしょせんはアブだから殺されるのだろうとソクラテスはいうのです。これはけっこう感動的です。ぼくはゲンロンカフェの経営では、ソクラテスのこの言葉を念頭に置いています。

**カント『永遠平和のために』**

カントは一八世紀のドイツの哲学者。近代哲学の父と言われる大物中の大物。本書はそんな彼が晩年に出した小さな本で、めっちゃ薄いので高校生でも簡単に読めます。そしていまの国連の基礎にもなったといわれる重要な本。本書でカントは「永遠平和」が訪れるためにみっつの条件を提示しています。ひとつめはあらゆる国がまともな国（共和国）になること。ふたつめはそんな国がまともな国際組織を作ること。まあそうかなという感じなんだけど、みっつめでおもしろいことを言います。カントの考えでは、永遠平和が維持されるためには、それぞれの国のひとがおたがいの国に自由に行き来できなくてはいけない。これは哲学的には「訪問権」と呼ばれているのですが、ぼくは観光の権利だと考えています。講義で観光の話をしていますが、じつはそんなことも念頭にあります。

### ドストエフスキー『カラマーゾフの兄弟』

ドストエフスキーは一九世紀のロシアの作家。これまたたいへん有名な人物なので、知っているひとが多いと思います。『カラマーゾフの兄弟』はその晩年の遺作にして最高傑作。粗暴で酒飲みの父カラマーゾフが殺される、当日はその三人の息子（ネタばれになるから三兄弟としておく）も父の家に集まっていた、犯人はだれだ？　というのが基本の物語なのだけど、それにとどまらず、正義とはなにかとか、神はいるのかとか、登場人物のあいだでいろいろテンションヨン高く議論されるところが人気の理由です。犯人も意外な人物。ぼくは高校時代、この小説を読んでたいへんな衝撃を受けました。ぜひみなさんにも読んでもらいたいのだけど、ただ、この小説、おそろしく長いんですよね。いきなり取り組むのもハードルが高いと思うので、長い小説はどうも苦手というひとには、ドストエフスキーがもう少し若いころに書いた『地下室の手記』をお勧めしておきます。中年ひきこもりの恨み節みたいな小説なので、いまのネット民の感性にもかなり合うはず。

# 日本のデザイン、その成り立ちと未来

原研哉

はら・けんや

一九五八年岡山県生まれ。アイデンティフィケーションやコミュニケーション、すなわち「もの」と同様に「こと」のデザインを重視している。二〇〇一年より無印良品のボードメンバーとなり、その広告キャンペーンで〇三年東京ADC賞グランプリを受賞。松屋銀座リニューアル、長野五輪・開閉会式プログラムデザイン、愛知万博公式ポスター、蔦屋書店のアートディレクションなどさまざまな仕事を手がける。著書『デザインのデザイン』は各国語に翻訳され世界中で読まれている。『日本のデザイン　美意識がつくる未来』、『デザインのめざめ』、『白百』など。

## デザインは地球がきしむ時代に必要な知恵の一つ

僕はデザインの仕事をしている。デザインにはいろいろなジャンルがあって、皆さんが今座っている椅子も、テーブルも、手に持っているシャープペンシルも、ノートも、この部屋の空間も、学校の建築も、すべてデザインされたものだ。ある目的をもって、計画的にものを創造していく人間の営みすべてをデザインと呼んでもいい。

主に僕が手がけているデザインのジャンルは「グラフィックデザイン」といわれる。グラフィックデザインは、単にポスターやパッケージなどを制作する仕事ではない。それらは、あくまでも結果的に仕上がった「形」に過ぎない。

伝えたい内容が知らず知らずのうちに人の頭の中に入り込んで、印象に残ったり、記憶されたりする。そういうことがスムーズに進むためのしかけをつくる。それが僕の仕事の本質だ。そういう意味では、広く「コミュニケーションのデザイン」をしている、といってもいいだろう。

人類は動物の中で唯一、自分の都合のいいように環境を変容させながら暮らしている。

サルは木登りが上手だが木を切って家を建てたりはしない。大昔から人類だけが環境をつくり変えながら生活してきた。自分の都合のいいように環境をつくり変える――これがつまりデザインの大元だ。

デザインというと皆さんは図画工作の延長、もしくは美術の一ジャンルぐらいに思っているかもしれない。でも、そうではない。

前世紀の後半から、地球環境と経済活動が明らかに両立しにくくなってきた。そうした文明の危機に直面し、世界はさまざまにいびつな音を立ててきしんでいる。とはいえ、人類は周囲の環境をなんらかの形でつくり変え、利用しなければ生きてはいけない。そういう動物として、もともと生まれついている。

ではどうやって人類はこの先、生き延びられるように地球環境を利用すればいいのか。それを考えるための知恵の一つがデザインなのである。

若い皆さんには、ぜひそういう視点でデザインをとらえてもらいたい。

## 「グローバル」と「ローカル」は表裏一体

今はグローバリズムの時代といわれている。国内だけに目を向けるのではなく、視野を世界に広げなければいけない。「ものづくり」も、「ことづくり」も、すべて世界全体を見渡して行うことが必要だ。そんなふうに誰もが言う。

しかし、文化の本質はグローバルと反対のところにある。つまりローカルだ。

これはべつに難しい話ではない。自分が生まれてきたこのローカルな場所で、可能性をいかに開花させていくか。これが文化の本質だと思う。

料理のことを考えればよくわかる。日本には日本料理があり、フランスにはフランス料理が、イタリアにはイタリア料理がある。これらはすべてローカルなもの。イタリア人は子どもの頃から母親に「マリオ！　パスタを食べる時に、お皿を温めなくてどうするの！」なんて言われて育っているから、当たり前のようにパスタを食べる時は皿を温める。それはイタリア固有の文化だ。

イタリア人はイタリア料理を大事にして、フランス人はフランス料理を愛し、日本人は日本料理を守る。それが世界の豊かさに貢献していく。

たとえばイタリア料理とフランス料理と日本料理を混ぜ合わせたらどうだろう。見た目には新奇なものができるが、つまらない。何も特徴が出ない。最初は物珍しさから話題になるかもしれないけれど、きっと味もあまりおいしくないから、すぐに飽きられてしまうだろう。

あらゆる色は混ぜ合わせるとグレーになる。それと同じことだ。

グローバリズムというのは、あらゆる文化を混ぜあわせてグレーにすることではない。それではすべて均一になってしまう。自分たちの文化の特徴を磨き抜いて、それを世界の文脈につなげる。そのことによって世界を多様で豊かなものにしていく。それがグローバリズムの真価ではないだろうか。

だからローカルが豊かでなければ、決してグローバルも豊かにはならない。グローバルとローカルは一対のもの、コインの表裏。そう考えてほしい。

仮に僕がデザイナーとして海外で仕事をする。そのことの意味は何だろうか。世界的な文脈で仕事をする背景には、自分の中で日本文化をきちんと咀嚼《そしゃく》できていないといけない。日本文化を自分で嚙《か》みしめ、血肉としてはじめて、日本のローカリティを世界につなげることができる。そういう視点があるからこそ、海外で仕事をする意味があるのだ。皆さんはぜひ、このことを忘れないでほしい。

僕は中学・高校のころ日本史が嫌いだった。でもデザインの仕事をするようになって、フリーズドライのような味気ない日本の歴史も、デザインというイメージのお湯をかけると、けっこうおいしく味わえることがわかってきた。

今日はそんな視点から、この国の歴史と文化と切り離せないデザインの話をしてみたい。

## 日本人にとっては神様は自然の力そのもの

では、僕の中で大切にしている日本文化についてお話しする。

それは「空っぽ」ということだ。日本の文化の背景には「空っぽ」がある。これについては、まず日本人と神様の関係から話を始めなければならない。

古来、日本人は神様のことをどう考えてきたか。神様は風来坊のように世界をフラフラと飛び回っている。そんなふうに考えてきた。時には山の上をさまよっていたり、時には田んぼの脇にしゃがんでいたり、時には民家の納屋《なや》の近くにたたずんでいたり、時には海の中のタコ壺《つぼ》にひそんでいたり……。

つまり神様とは自然の力そのものだったのだ。自然がそこにあるようにありとあらゆるところに神様がいる。その恵みに生かされて自分たちは生きている。つまり昔から日本人は自然というものと重ね合わせて神の存在を感じていた。

いろんなところに神様がいるありさまを「八百万《やおよろず》の神」という。大根を一本引き抜くと、そこにも神様。ご飯の一粒には七体の神様がいる、といわれてきた。

皆さんは、よく「ヤバい」という言葉を使うだろう。本来の意味である「危ない」から少し離れて、「すごい」とか「切実だ」といった意味で。

神様は昔から、まさに皆さんが使う意味での「ヤバい」ところにいたのだ。『古事記』を読むと、目が病んで膿《う》みが出たので洗ったらそこから神様が出てきた、なんていう記述がいたるところにある。ヤバいところ、つまり危なそうで切実なところに神様はひそんでいる。そこに自然の大いなる力が働いている。古くから日本人はそんなふうに自然を見立ててきた。

## 神様がやってくるかもしれない「空っぽ」の場所

神様はあっちへフラフラ、こっちへフラフラしていて所在が不確かなので、約束をとって会いに行くことは難しい。でも神様の力にお願いしたい。

そこで昔の人は、こんなものをつくれば神様のほうからやってきてくれるかもしれない、と頭を働かせた。四本の柱に縄を結んで地面を囲い、空っぽの空間をつくったのだ。これを「代《しろ》」という。

神様はそこらへんをフラフラと飛び回っているので、柱と縄で囲っただけの何もない空間をつくると、それを目ざとく見つけて降りてくるかもしれない。「入ってくるかもしれない」そのような可能性に対して、神様を深く敬う気持ちが湧《わ》き起こる。「神様＝自然」の力がそこに宿っていることを感じて、昔の日本人はこの空っぽの空間に手を合わせて拝んだ。

「代」は神様を呼び込むための空っぽの空間で、これに屋根の付いたものが「屋代《やしろ》」＝「社《やしろ》」ということになる。神社の真ん中にある、神様を祀《まつ》る場所だ。空っぽの中に、もしかしたら宿っているかもしれない神様。その可能性のシンボルとして、昔の日本人は「神社」というものをつくった。

神社に行くと正面に鳥居がある。これも間が空っぽになっている。つまり「ここから出入りするのですよ」という記号だ。この鳥居をいくつもくぐりながら、まん中の「社」にたどりつく。そしてそこで「空っぽ」を介して神様と交流する。

社の前には賽銭《さいせん》箱が置いてある。外からは中が空っぽに見える。思わずお金を入れてしまう。「空っぽ」はいろんなものを引き寄せる。空っぽの神社の中に自分の心や気持ち、つまり祈りを入れて、神様と交流した充実感を得て帰ってくる。

神社というのは昔からそういう風にできている。

## コップの水を移し替え続けるとどうなるか

日本の神社の中でいちばん大きいのは三重県の伊勢神宮。伊勢神宮では「式年遷宮」といって、二〇年に一回、すべての社殿を全く同じものに造り替える。

なぜわざわざそんなことをするのか、とても不思議に思うかもしれない。しかし、この儀式は千数百年続いている。二〇年に一回なので、そのつど大工さんも替わり、前回は弟子だった人が棟梁《とうりょう》になっていたりする。図面もすべて引き直す。だから、同じものに造り替えるといっても、少しずつ微妙に違ってくる。

二〇年に一回造り替えるというのは、ちょうどコップの水を同じ形のコップに移し替えるようなものだ。何回も移し替えているうちに、ときどきコップの水はこぼれるし、蒸発もするだろう。だからときどき、新しい水をつぎたさなくてはならない。

これを一〇〇〇年以上も続けていると、いつのまにか、コップそのものは変らなくても、コップの中の水は、以前の水とは全く違う水になっているだろう。しかしながら、そのような変化もまた伝承の意義を任っている。

全く同じ水を真空パックのように永遠に保存し続けるのではなく、定期的に移し替えることによって、少しずつ変化をさせながら受け継いでいく。そうやって日本人は神社の様式を昔から今に伝えてきた。

伊勢神宮の建築様式はインドや中国ではなく、太平洋のポリネシア諸島の建築の特徴を持っている。二〇年に一回の造り替えではわずかな差異が生まれるだけだが、それが千数百年間も積み重なると、ポリネシア風から純日本風へと変化する。

皆さんは生物学で「進化」という概念を習ったかもしれない。遺伝子ＤＮＡが複製される際にときどきミスプリントができて「突然変異」が起きる。突然変異した個体の方が新しい環境に適応していると、こちらのほうが多く子孫を残す。徐々に環境に適応し長い年月をかけて変化していくのが生物の進化だ。

伊勢神宮の「遷宮」も生物の「進化」と同じようなものかもしれない。同じものを造りつつもわずかずつ変化させながら千数百年の長きにわたって進化を続け、いつのまにか日本独自の文化が形成されていく。そんなメカニズムなのだから。

日本のデザインの原風景が、ここにあると思う。

## 空っぽの空間に意味を込める

ある内容を人に伝えたいとき、私たちは言葉を使う。たとえば誰かを好きになったとき、その気持ちを言葉にして「愛してます」などと相手に伝える。

さて、このとき「愛してます」という言葉を発したほうと、「愛してます」という言葉を受け止めたほうは、同じ内容を共有しているだろうか。

「愛してます」と言ったほうは、一〇〇パーセントウソいつわりなく、好きだという気持ちをその言葉にして表現したかもしれない。けれども、その言葉を受け止めたほうはどうだろう。「言葉ではそう言っているけれど、本心はわかったものじゃない」と解釈しているのかもしれない。もちろん、その逆、つまり冗談半分の「愛してます」を本気に受け止めてしまうことだってあるだろう。

言葉は記号にすぎない。だから人によって解釈は微妙に異なる。そういうわけでコミュニケーションは難しい。これは何も恋愛に限ったことではない。皆さんも経験があると思う、「そんな意味で言ったんじゃないのに……」と相手に誤解されてしまったことが。言葉を使う意思疎通は、とてもややこしい。

ところが、世の中には「言葉を使わない意思疎通」というものがある。日本ではこれを「阿吽《あうん》の呼吸」という。

神社の本殿などで左右向かい合わせの狛犬像《こまいぬ》があるのを見たことがあるだろう。あれは口を開いているほうの狛犬が「阿」と言い、口を閉じているほうが「吽」と言っている。しかも、それを同時に言う。つまり、情報の発信と受信が同時に行われて、言葉という記号を介さずにお互いが理解し合っている状態を示している。

そんなオカルトじみたこと……と思うかもしれない。しかし、言葉を介さずに理解しあうコミュニケーションは現実にたくさんある。

一九九二年に外国人初のサッカー日本代表監督に就任したハンス・オフト監督は、試合中に「アイコンタクト」でサインを送る手法を選手に教えた。互いに目と目で伝え合うのがアイコンタクトだ。サッカーのフィールドで選手が他の選手に「五〇メートル先にパスを出すから走れ！」などと喋《しゃべ》っていたら試合に負けてしまう。アイコンタクトをサインにして、パッと目配せした瞬間に次の動作を取れ。オフト監督は選手たちにそう指示した。

この「アイコンタクト」はまさに「阿吽の呼吸」。言葉はいらない。目を合わせるその瞬間に互いに意味を感じ合う。お互いの意味が違ってしまう場合も当然あるだろう。しかし、成功すればすばらしい速度での意志の伝達が可能になる。

実のところ、このようなコミュニケーションは、私たちもふだん知らず知らずのうちにしているのだ。

## 日本的な「空っぽ」のコミュニケーション

会議ではよく「この件に関しましては、そういうことでよろしいでしょうか?」などと議長が参加者に質《ただ》す。「この件」「そういうこと」。部外者には何のことかさっぱりわからないが、会議に参加しているメンバーは、こうした代名詞だけで理解できる。ひととおり座を見回した議長は、誰も何も言わないのを見計らって「ご異議がございませんようですので、この件はそのように進めさせていただきます」と、その場を締めくくる。日本の会議は、こんな風に進行される事も少なくない。誰も何も言わないことによって暗黙の合意が形成されてしまう。その結論に対して誰かが責任を取るのではなく、その場に居合わせたみんなで責任を共有する。

言葉や行為ではなく、表に出さない密《ひそ》かな思惑によって物事を進めることを「腹芸」というが、これも腹芸の一種だろう。何も言わない。「　」とカギカッコの中は空っぽ。それでも意思が伝わる。これは日本的なコミュニケーションの特徴の一つで、しばしばわかりにくいとされる。

しかし別の角度から見れば、非常に高度なコミュニケーションともいえると思う。誤解を招く危険性の高さ。責任の所在を明らかにしない曖昧さ。そうしたマイナス面があることを承知の上で、私たち日本人はこうした「空っぽを介したコミュニケーション」を選んできた。ということは、そこになにがしかの効率性があるからである。

「意味の交差点」というものがあるとしよう。道路の交差点では、信号というルールに従って事故が起こらないように整然と自動車が行き交う。人と人とのコミュニケーションも同じこと。「意味の交差点」では互いに意見を戦わせるが、他人の話を遮らない、人格攻撃はしない、といった一定のルールに則《のっと》っているからこそ、ケンカにはならない。それでもしばしば「交通事故」は起きる。信条や宗教の違いなど、論議では埋められない衝突点というものもある。

では「意味の交差点」の真ん中に空っぽの空間があったらどうだろう。そこにさしかかったら全員、自分の思うようにそこを解釈してよい、と決めておくとするなら互いにぶつかることはない。「交通事故」は起こりにくい。日本人が選んだ「空っぽのコミュニケーション」とは、そういうことかもしれない。

アメリカの有名なインターネット企業、グーグル本社の勉強会で僕が以上のような話をすると、意外にわかってもらえる。Google や Yahoo! のような検索エンジンも、ワールドワイドウェブの中にある巨大な「空っぽ」である。その中では、膨大な分量のコミュニケーションが直接的な言語のやりとりなしで世界中を飛び交っている。ネット社会において、「阿吽の呼吸」や「腹芸」といった「暗黙のコミュニケーション」がどのように繰り広げられ、どんな機能を果たしているのか、もう少し精密に分析されてもいいと思う。

## すべてを包み込む巨大な空っぽの器「日の丸」

白地に赤い丸。これは何だろうか?

日本の国旗、日の丸。誰もがそう思う。

しかし、これはただ白い紙に赤い丸を描いただけ。赤い丸には何の意味もない。単なる赤い丸にすぎない。それを日本という国は国旗に採用した。

これはとても興味深いことだと僕は思う。

ちなみにカナダの国旗にはメープルリーフ(カエデの葉)が使われている。非常に具象的だ。だからときどき物議をかもす。カエデは西海岸に生えているが東海岸には生えていない。なのになぜそれがカナダのシンボルになるのか。このように具象物を国旗に採用すると、意味がハッキリするので問題が起こる。

対して日本の国旗は、きわめて抽象的だ。白地に赤い丸。それ自体に意味はない。いうなれば「空っぽ」なのだが、だからこそ、人は思い思いにそこへさまざまな意味を投げ入れることができる。

第二次世界大戦中、日の丸の鉢巻きをした特攻隊員が敵艦に体当たり攻撃をして戦死した。そんな悲しい歴史的な出来事を日の丸にイメージする人もいる。

赤い血の象徴という人もいる。愛国心のシンボルだと思う人もいる。

天皇制。太陽。そういった言葉を連想する人もいる。

僕などは戦後生まれで、日の丸は平和国家のシンボルだと教え込まれてきたから、白地に赤い丸は平和の象徴のように見える。

白地に赤い丸を見て、ご飯の上の梅干を思い浮かべる人もいるだろう。

いろんな解釈があって、どれが誤りで、どれが正しいというわけでもない。なぜなら白地に赤い丸には、そもそも何の意味もないのだから。

国旗の日常的な役割とは何だろうか。入学式や卒業式などの記念式典では国旗が掲揚される。セレモニーに参加している人たちの間に求心力を生み出して、ひと時敬虔《けいけん》な気持ちを生み出すこと。国旗にはそんな役割がある。求心力や敬虔な気分を生み出すことができれば国旗の役割は果たせるので、参列している人々がそれぞれ日の丸という空っぽの器に何を盛り込もうと、セレモニーは成立する。

どのような解釈も丸ごと受け容《い》れる。誤解も含みながらすべてを包みこむ。それほど巨大な容量を持つ空っぽの器としての「赤い丸」。より多くの意味やイメージが盛り込まれる程に、シンボルはより強く機能するようになるのだ。

## 絶対君主時代の「複雑」から近代市民社会の「シンプル」へ

中国古代王朝の殷《いん》の時代の青銅器は、とても複雑な形をしている。細かい渦巻模様によって表面がおおいつくされ、把手《とって》や注ぎ口もおおげさだ。こうした青銅器は、はじめは単純な形をしていたのが技術の発達によってだんだん複雑になっていったのではなく、最初から複雑な形をしていた。なぜだろうか。

複雑な形は「強い力」の象徴だった。昔は王様を中心とした強い求心力がないと国がまとまらなかった。複雑な形は、その強い求心力を表している。高度な技術を持った人間が長時間かけないと達成できない難しい成果を目の当《ま》たりにすると、普通の人は「ひょえ〜」とおそれおののく。そこに何か強い力を感じ取るからだ。複雑な形の青銅器は中国の民衆に王様の力を思い知らせた。

インドでも同様だった。大理石でできた巨大なモニュメント「タージ・マハル」は、ムガール帝国の王シャー・ジャハーンが亡くなった后《きさき》のためにつくった墓。とてつもなく複雑な紋様の象嵌《ぞうがん》細工が表面に施されている。象嵌細工というのは、土台となる石の表面を紋様の形に削り取り、同じ形に削り上げた別色の石をそこにはめこむという、気の遠くなるような作業の連続によって完成する。見ると思わず息をのむその複雑な装飾は、ムガール帝国の力の象徴だ。

イランのモスク（礼拝堂）などを見てもわかるように、イスラム圏でも複雑な造形は強大な神の力の象徴として機能していたし、ヨーロッパにおいても、ルイ十四世時代のヴェルサイユ宮殿のように、絶対君主の力が最も強かった時代は、絢爛《けんらん》豪華な装飾を誇示するバロックやロココといった様式が絶頂を極めた。

ところが、近代市民社会の到来によって決定的な変化がおとずれる。王様を頂点とする階層構造の社会が終わりを告げた。トップに君臨する国王が民衆を支配するのではなく、国家は一人ひとりが自由に生き生きと暮らすための仕組みを支えるサービスの一環となった。それが近代市民社会ということだ。

そうなるともう複雑な形で強い力を誇示しなくてもいい。難しい装飾で「ひょえ〜」と驚かさなくてもいい。「物」と「人間」との関係はシンプルに最短距離で結ばれた。人間の暮らしの率直な探求から、家具や家や都市や道路がつくられ始める。そこでは人間の労働力も素材の効率も最小限にバランス良く整っていることが美しく、合理的とされた。モダニズム、モダンデザインの誕生だ。

つまり人類の文明の価値観は「複雑」から「シンプル」へと大きく舵《かじ》を切った。産業革命を経た一九世紀中ごろのヨーロッパが、その起点だったと思う。

## 応仁の乱の後に生まれた「エンプティ」の文化

日本は東アジアの端にある国であるので、世界中の文化の影響を受けている。もちろん複雑で豪華絢爛な造形を国力の象徴とする価値観も伝わった。

日本史で習ったと思うが、一四六七年から京都を舞台に十年間も「応仁の乱」という争いが続いた。伽藍《がらん》や仏像はこわれる、着物は焼ける、器も庭も巻物も、京都はとても大きな破壊にあってしまった。現代の古美術屋さんが見たら腰を抜かすような、とてつもない量の美術品や工芸品が、失われてしまった。

室町時代後期の将軍、足利《あしかが》義政は美術愛好家だった。応仁の乱による京都の文化的損失や荒廃を見てうんざりした義政は将軍職を息子に譲り、京都の東山に別荘を建て、ひっそりと暮らすようになる。それが今の銀閣寺（正式名は慈照寺）だ。ここから生まれたのが、それまでの複雑でゴージャスな文化とは対照的な、茶の湯に代表される「わび」、つまり「冷え枯れたものの風情《ふぜい》」にこそむしろ人々のイメージを呼び込む力があると考えるような、簡素を尊ぶ文化だった。つまり、日本ではこの時代に簡潔さやミニマルに通じる価値観が力強く立ち上がったのだ。茶室の原型と言われる義政の書斎「同仁斎」は日本の和室の原型と考えられる簡素で美しい空間だ。

茶の湯では、茶室というシンプルな空間で主人と客が向かい合って茶を飲む。茶室には花や掛け軸など最小限のしつらいしかない。窓や軒に切り取られた庭の控えめな景色。障子《しょうじ》を通した柔らかな間接光。

春を表すのに桜のイメージを取り入れたいとしよう。ヨーロッパのオペラハウスなら、疑似的に桜の木を造形するなどして、リアルで臨場感のある見せ方をするだろう。ところが日本の茶室では、たとえば、水を張った水盤（花や盆栽などを生ける底の浅い平らな陶器）に桜の花びらを数枚散らすだけで、あたかも満開の桜の下にたたずんでいるように見立てる。最小限のしつらいで最大のイメージを共有するのだ。

簡素だからこそ想像力が大きくはばたく。ごくわずかなしつらいに大いなる豊かさを呼び込む。これが「わび」の精神だ。西洋生まれのモダニズムが良しとした合理的な「シンプル」の価値観と似ているようで、全く違う。

そこにはやはり、先ほどから述べてきたような、神を呼び込むための「空っぽ」を運用する感性が息づいているのだ。「シンプル」（簡素な）というより「エンプティ」（空っぽな)。何もないところに想像力を呼び込んで満たす。意味でびっしり埋めるのではなく、意味のない余白を上手に活用する。

日本のデザインには、そうした感性が脈々と根付いていると僕は思う。

## 空っぽで、何もないことがかえって個性になる

皆さんは「無印良品」の店に行ったことがあるだろうか。二〇〇二年から僕は「無印良品」ブランドのお手伝いをしてきた。「無印良品」のコンセプトは、「簡素が豪華にひけめを感じず、むしろ簡素であることが誇らしく思われるような」製品のあり方を目指すということ。これは無印良品の初代のアートディレクター、田中一光《いっこう》の言葉である。

デザインは複雑より簡素な方へ向かう。しかしそれは西洋風の「シンプル」なデザインとは少し違う。

二〇代の若者が一人暮らしするために使うテーブルをシンプルにつくる。そしてまた別に六〇代の熟年夫婦のためのテーブルを、ちょっとニュアンスを変えたデザインでシンプルにつくる。そういうことではない。

無印良品の新聞広告（2003年）

全く同じテーブルを、皆さんのような若者にも、六〇代の夫婦にも、ふだんの暮らしで使っていて自然に「いいな」と思ってもらえる。どんな生活の文脈に入っても、それなりにはまりこむ融通無碍《むげ》（何事にもとらわれず自由なこと）なデザイン。そういうことを意識している。

無印良品の製品はデザインしていないところが気持ちいい。そう言う人もいる。素朴で肩がこらない。エコロジカルである。都会的な洗練を感じる。値段が安い。いろんなイメージを人は抱く。日本の禅の思想を感じる外国人もいる。

けれども、無印良品からは「こうです」というメッセージを発しない。ただ空っぽの器をポンとそこに置くだけ。そこにどんなイメージを盛り込んでくれてもいい。誤解を含んでも大丈夫。お客さんと目が合えば、うなずいて目配せをするだけ。阿吽の呼吸のような、空っぽのコミュニケーション。シンプルというよりエンプティ。空っぽで何もないことが、かえって充実したイマジネーションを生み出し、それが個性にもなる。

勿論《もちろん》、無印良品はことさらエンプティを体現しようと意識してデザインしているわけではない。けれども、エンプティという観点から無印良品を改めて見直してみると、なるほどそうかもしれない、と最近気づきはじめている。

## 日本には文化の連続性から生まれた「美意識資源」がある

日本は第二次世界大戦後、工業製品の輸出国として発展していく。敗戦の焼け跡から立ち上がって高度経済成長を成し遂げ、メイド・イン・ジャパンの安くて優秀な性能の自動車やテレビなどが、世界へ大量に広まった。

ところが、そうした「工業立国」として日本が栄えた時代は、そろそろ終わりを迎えようとしている。なぜなら、韓国・中国をはじめとしてアジア全域が、かつての日本のように「ものづくり」で発展しはじめたからだ。先進国の先頭に踊り出てしまった日本は、まだ発展途上にあるアジアの国々に比べると、働く人たちの人件費（給料）も工場の土地代も高い。だから、もっと安く「ものづくり」のできるアジアの他の国々のほうが国際競争で有利になった。

工業の他に、日本はこれから先、どのような産業を基軸にして生きていけばよいのか。それを見つけなければならない時代にさしかかっている。

日本には「ものづくり」の原料となる石油や鉄鉱石などの資源はない。だから、そうした原料を輸入して「ものづくり」に励んできた。

しかし、「ものづくり」ではなく「ことづくり」の原料なら、日本にも大きな資源がある。それは「美意識資源」とでもいうべき資源だ。

海外から羽田空港や成田空港に帰ってくるたび、僕はいつも思う。建築はぱっとしないけれども本当によく掃除されているな、と。空港のトイレに入るとピカピカで、床も転げ回っても服が汚れないのでは、と思うくらいきれいになっている。チューインガムがこびりついていたであろう痕跡も、シミが残らないように丁寧に掃除してある。

こんな国は海外にはない。海外とくに欧州や米国では個人主義が徹底していて、働く人たちは定時の退勤時間になったら、仕事が残っていようがサッサと帰る。ところが日本人は、「きりがいいところ」までやってから帰る。そういう態度を常識として共有し合っているから、トイレの床だけではなく、道路も壁もきれいだし、切れかけて明滅しているような街灯も少ない。工事をする人も食品をつくる人も、みんなそれなりの価値意識を持って仕事をしている。緻密、丁寧、繊細、簡潔――そんな美意識が文化の中におのずと染みわたっている。日本はそういう国なのだ。

日本は千数百年もの間、国ができてからずっと「日本」という一つの国。これは世界史的に見ると、実はとても珍しいことだ。

中国は四千年の歴史というが、歴代の王朝や権力者の交代と共に国も変ってきた。殷、周……秦《しん》、漢、南北朝、隋《ずい》、唐、五代、……宋、元、明、清、中華民国、中華人民共和国。多くて、覚えるのも大変なほどだ。中国は権力者たちが攻防を繰り返し、新しい国ができるたびに、前の国を滅ぼしてきた。

対して日本は、ずっと「日本」だ。伊勢神宮を二十年に一度ずつ造り替えながら、千数百年にわたって文化の連続性を保ってきた。この文化の連続性はとても大きな文化資源であると考えてよい。それが緻密、丁寧、繊細、簡潔といった「美意識」資源にも通じていると思う。

**幸福とは「誇りの種」を大切に育てて暮らすこと**

そうした日本の「美意識資源」を活かすと、どんなことができるか。これは、代官山や銀座に展開している「蔦屋書店」という新しい考え方の本屋さんのロゴで、僕がデザインしたものである。一見、何気ない普通の文字に見えるかもしれない。しかし、これはすでにある書体を選んだものではなくオリジナルで作った文字である。このロゴタイプを基本として、お店のバッグや包装紙、サイン計画などが統一的に展開されている。結果として、気持ちのよい、やや大人っぽい静かな本屋の空間が生まれた。大声で叫ぶようなデザインではなく、水が澄むように静かに独自性のあるイメージを生み出すデザインでもある。

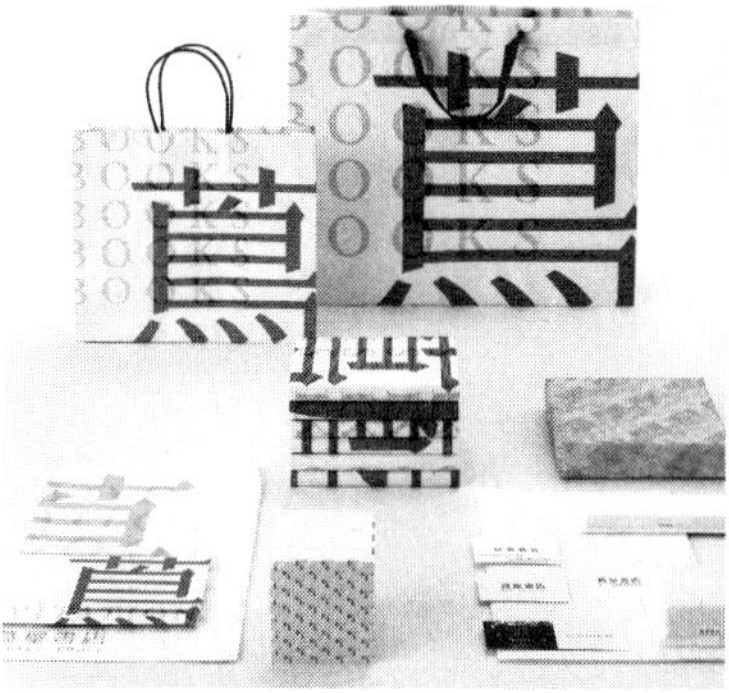

蔦屋書店のバッグや包装紙

代官山蔦屋書店外観

工業立国による経済成長が一段落して、次の成熟社会を目指す日本の基軸となる産業の一つが、たとえば観光だ。緻密、丁寧、繊細、簡潔といった日本的な美意識に基づく国土や景観の活用。それは世界に貢献できる価値の創造の一つだと思う。

二〇一〇年七月一九日から一〇五日間、瀬戸内海の七つの島々と高松市で「瀬戸内国際芸術祭」というアートフェスティバルが開催され、当初の予測の三倍に及ぶ九十三万八千人の来場者でにぎわった。

岡山市生まれの僕は子どもの頃、瀬戸内の島々を夏の遊び場にしていたので、ポスターやロゴタイプなどのデザインを依頼された際には喜んで引き受け、七つの島々をスムーズに巡れるようにするヴィジュアル・ナビゲーションの仕組みもつくった。そのときに考えたのも、緻密、丁寧、繊細、簡潔な情報の提示のしかただ。それが島々へのアクセスを明確にする。

日本の美意識をどうやって文化や経済に反映し、新しい価値を創造して、未来に受け渡していくか。今度は皆さん以降の世代がそれを考える番だ。

文化の遺伝子は簡単に消え去るものではない。緻密、丁寧、繊細、簡潔といった日本の美意識は、僕らの世代が一度忘れて、見えにくくなっているかもしれない。もし皆さんの世代も忘れてしまったらどうだろうか。それでもしかし、文化の遺伝子は、代々無意識のうちに受け継がれていき、皆さんの子どもや孫の世代になって、眠っていた遺伝子が目を覚ますかもしれない。その価値に気がつけば必ず復元できる。

できれば、皆さんの世代で気づいてほしい。世界に誇れる美意識の伝統を日本人は持っているのだ、ということを。幸福とは、そんな「誇りの種」を大切に育てて暮らしていくことに関係していると僕は思う。

（この授業は二〇一二年六月六日に行われた）

## ◎若い人たちへの読書案内

**『デザインのデザイン』**（原研哉、岩波書店、二〇〇三）

広い意味で「デザイン」をとらえた書籍です。「日本のデザイン、その成り立ちと未来」というタイトルでの講義録が本書に掲載されているわけですが、これを読んで、デザインに興味を持たれた方がいれば、ぜひ手に取ってほしい一冊です。「デザイン」は決して、特殊な領域ではなく、今後の世界を、バランス良く調和したものにしていくための必須の知恵であると僕は思っています。そういう思いを丁寧にまとめておこうと書いたのが『デザインのデザイン』です。初版はもう一五年前になりますが、今読んでもちょうどいいかなと思える内容です。日本は高度成長の時を通り過ぎて、成熟の時代に入りました。人口が減り始めたといっても一億人を超える人口を擁する先進国といえば、アメリカと日本くらい。小さな島国と日本人はよく自嘲気味に言いますが、決して小さな国ではありません。千数百年も一つの国であり続けたという大変長い歴史を持つ国です。これからの日本を生きていく充足感がどこにあるか、それを考える素材を盛り込んでいます。

**『内臓とこころ』**（三木成夫、河出文庫、二〇一三）

生命や宇宙について思いを巡らせるには、この本が最適です。心とは「からだに内蔵された食と性の宇宙リズム」であると著者は言います。人間は、宇宙や環境についての知識を得る前に、身体を持った生命としてこの世に産み落とされる。身体は自然に成長し、生きることの快楽や悲哀を徐々に知ることになるわけですが、知性が宇宙や世界の仕組みを理解する前に、からだは既にそれらを「体得」している。つまり学ぶということは、身体が既に知っていることを、徐々にわかっていくことなのだと著者は示唆しています。長い生物の進化のプロセス、つまり宇宙のリズムとの長い交感の記憶が、僕らの身体に内在しているのです。こころとは脳で理解する世界ではなく、身体に内在する「生のリズム」であるという、まさに「はらわた」にしみる一冊です。

**『日本の色』（大岡信《まこと》編、朝日選書、一九七六）**

日本のことを理解するには、古代の日本人のものの感じ方について考えてみるのが一番。この本は、そういう意味で大変示唆に富んだ良書です。本書では、日本文化における「色」の捉《とら》え方がわかりやすく語られています。冒頭で編者の大岡信が、日本の「色」とは、今日の「色彩」とは異なって、元来は男女の情愛から始まり、そこから生じる感情が環境に溶け出し、美しいと感じる現象を捉える言葉へと進化していったという興味深い指摘を行っています。これを受けて山本健吉が、日本の色の原型は「赤い」「青い」「白い」「黒い」の四つであることをあげ、染料などの実態から離れた「純粋な形容」として「明-赤」「暗-黒」「顕-白」「漠-青」という色の現イメージについて解説します。つまり色は物理現象ではなく、人の心と密接なものであるというわけです。この点が理解できると、世界の見方や日本文化の捉え方がまるで変わってくるから不思議です。

# あとからわかること

堀江敏幸

ほりえ・としゆき

一九六四年岐阜県生まれ。早稲田《わせだ》大学第一文学部フランス文学専修卒業、東京大学大学院人文科学研究科博士課程中退。大学院在学中にパリへ博士課程留学。執筆活動を始め、九四年に発表した『郊外へ』で作家デビュー。その後、九九年『おぱらばん』で第十二回三島由紀夫賞、二〇〇〇年『熊の敷石』で第百二十四回芥川《あくたがわ》龍之介賞、二〇〇三年『スタンス・ドット』で川端康成文学賞など受賞歴多数。『戸惑う窓』がある。

## 何を話すか決めて喋るほどつまらないことはない

よく講演会などで、「今日はこのテーマで、三つのことについてお話しします。第一にこれ、第二にこれ、第三にこれ」といったように、あらかじめ喋《しゃべ》る内容と構成を考え、定められた結論まで理路整然と話を進める人がいます。

でも僕には、それがどうしてもできません。いつも行き当たりばったりなんです。というのも、何を話すのか、どんなふうに話すのか、先が見えている状態で喋ることほど、自分にとってつまらないことはないからです。話しながら考える。書きながら考える。それが僕のやり方です。

一週間ほど前に、別の場所で話をする機会がありました。その折の聴衆は、平均年齢が七〇代。この会場とはまったく異なる雰囲気でした。けれど、僕の姿勢は基本的に変わりません。大切なのは、現場の空気なんです。それは演壇に立って初めて感じられることで、毎回、その空気に反応しながら言葉を発するようにしています。

先の見えない、こんな行き当たりばったりの方法は、きちんと計画を立てて勉強しなければいけない今の皆さんに、あまり勧められたものではないかもしれません。しかし、そういうやり方でしか見えてこない景色もあるんですね。

## 型を学ぶのは大切だが、それを崩すことも重要

現在所属している大学には、一年生を対象に論文指導をする、少人数の演習があります。「序論・本論・結論」という論文の「型」、図書館の資料の利用法、他人の意見と自分の意見を分けて明示する方法、参考文献の挙げ方などを勉強し、最後は自身で一本の論文を仕上げます。

そういうクラスを受け持つよう命じられたとき、ひどく悩みました。理由は簡単です。先ほど申したとおり、僕には型がないからです。あるいは、型をいかに逃れるか、それをずっと模索してきたからです。型を教え、その枠内でものを言うのは、書き手としての仕事と矛盾してしまうのです。

型から逃れることがいかに大事かを教えるには、まず型を教えなければならない、という考え方もあります。勉強にかぎらず、スポーツでも型はとても大切です。まず型に

習熟し、しかるのちにそれを崩していく。そのためには、早く型を勉強しなければならない、というわけです。

型がなさそうに見えるフリージャズのプレイヤーにも、型に戻ろうとする人がいます。プロとしてキャリアを積み、素晴らしい技術を持っているにもかかわらず、アメリカの音楽大学に留学して、理論を一から勉強したりするのです。

これは経験上言うのですが、皆さんくらいの、心がやわらかく、気持ちがやさしく、神経がこまやかで、体力もある若いときに教え込まれた型というのは、抜けないんですよ、なかなか。高校三年まで、みっちり教え込まれた型から逃れようとすると、大学の四年間だけでは足りません。

型を勉強するのは決して悪いことではありません。人生の基礎と言っていいくらいです。ただ、あまりにも大切すぎて、型にとらわれていることじたいに気づかなかったりする。そこは、注意が必要です。

## 原稿を書き終わらないとタイトルが決められない

僕は仕事に取りかかるのが遅いんです。いつも締め切りに追われている、という状況になります。締め切りは危機管理のもとに設定されていますから、多少の融通はきく。優れた編集者は、締め切りを守らない著者ほど早めに設定しているわけです。勇気をもって、「本当にギリギリの締め切りを教えてください」と頼み込むと、教えてくれることもある。

しかし、問題は思わぬところに潜んでいるんです。文芸誌と呼ばれる媒体があります。小説、詩歌、評論、随筆、対談、書評にいたるまで、さまざまなジャンルの作品が掲載されています。タイトルと著者名がずらりと並ぶ目次は、じつに壮観です。そして、多くの場合、この見開きだけ本文とは異なる紙を使っているので、別進行になります。つまり、目次の締め切りのほうが、本文の締め切りより早いのです。僕の場合は、一行も書いていない状態で、タイトルだけ先に教えてください、と言われるわけです。

それが難しいんですね。あらかじめ書くことを考えて書き出すのではなく、書きながら考えるので、書き始めてみないことには、どんな内容になるのかわからない。何も書いていないうちにタイトルだけ欲しいと言われても困ってしまうのです。タイトルを先に決めてしまったら、その枠に合わせて書かなくてはなりません。

### 競馬場に行かず競馬の話を書く雑誌から原稿依頼

十数年前のある夜のこと、一面識もない人から電話がかかってきました。「競馬の雑誌をつくるので、原稿を書いてくれませんか」と言うのです。

僕と競馬と、どんな関係があるのでしょうか。「あなたの本を読んでいたら競馬の話が出てきたんです」とその人は続けました。

若い頃、僕はフランスに留学しました。フランスには「凱旋門賞《がいせんもん》」という大きな競馬レースがあって、到着早々、出かけて行ったのです。広い競馬場で、ぼんやり風に吹かれていたという話を、二冊目の自著のなかで、ほんの少しだけ書きました。

電話をくれた方は、編集者ではなく、雑誌の割り付けとデザインを引き受けている装丁家でした。月刊誌のディレクションは大変な作業です。拘束も多い。そこで彼は、その仕事を引き受ける条件として、書き手を選ぶ権利を得ていたのです。雑誌のコンセプトは、とても興味深いものでした。

「アームチェア・ディテクティブ」（安楽椅子探偵）という言葉があります。アガサ・クリスティの小説「ミス・マープル」シリーズなどがそうで、探偵が現場に行かず、情報だけで推理するミステリーのことです。企画はそれに似ていました。「競馬場に行かず競馬の話を書く」のです。題して『書斎の競馬』。半分は、文芸雑誌でした。何をどう書いても自由。ただ、できれば、馬を登場させてくださいとのことでした。


『いつか王子様が』からとっさに思い浮かんだタイトル
さて、例によって書き始めるのは締め切り当日になってしまいました。

当然、目次の締め切りには間に合いません。編集長から催促の電話がかかってきました。

「どんな調子ですか？」

「いま、書いてます」

嘘《うそ》なので、思わず口調が強くなります。

「どんなお話になりそうですか？」

とっさに僕は適当なことを答えました。

「かつて住んでいた町に、路面電車が走っていて、走り去る様子が、なんだか馬のようだなと思ったことがあるんです。その話を書きます」

僕はかつて、王子駅（東京都北区）の近くに住んでいました。都電荒川線が走る町です。長い直線コースを走る一両編成の車両の、その四角いお尻が、なぜかやわらかい感じに見えたことがあったんですね。

編集長は、わかりました、とにかくタイトルだけ、いま決めてください、と言います。なんの考えもありません。そのとき、たまたまジャズを流していたんです。ビル・エヴァンスのアルバムです。電話があったのは、ちょうど"Someday My Prince Will Come"（『いつか王子様が』）がかかっているときでした。皆さんも知っているディズニーのアニメ『白雪姫』の主題歌です。

王子駅近辺の都電を書くと言ったとたんに、『いつか王子様が』が流れた。これもなにかの啓示だろう。それで反射的に、『いつか王子駅で』というのは、どうですか？

と答えました。

「……?」

「『いつか王子駅で』って、語呂がいいじゃないですか」

「……わかりました。それで行きましょう」

そんなわけで、目次には、本文よりも先にこのタイトルが入ってしまったのです。指定の原稿分量は四百字詰め原稿用紙で二十枚くらいでした。何とか書きあげて送ったら、編集長から電話がありました。

「いいじゃないですか。なかなかおもしろい。連載にしましょう!」

注文は、読み切りの一回分でした。できるはずはありません。

「それは無理です」

「目次に〈新連載〉と入れたいのです! まだ間に合いますから!」

じゃあ、目次の締め切りとは何だったのか。実はそこにも若干の余裕があったんですね。

仕方がないので、毎月は難しいけれど、隔月なら何とかやってみます、通しタイトルも『いつか王子駅で』のままで。
そのような展開で、連載がスタートしたわけです。

## 雑誌の休刊で未完の連載を書き足し単行本に

さて、連載は何とか穴をあけずに進んでいったのですが、途中から雑誌が薄くなってきたんです。それどころか、巻末に馬券予想に近い情報が入るようになり、厚さが半分くらいになりました。おかしいなと思ったら、休刊の通知がありました。連載も中途で終了です。レース不成立という感じですね。

ところが、別の出版社の編集者がその連載を読んでくれていて、続きを書いて、一冊にまとめませんかと言ってくれたのです。続きを書けと言われても、そもそものきっかけがきっかけですから、のらりくらりかわしていたのですが、結局、書き足して本にすることになりました。タイトルはそのまま『いつか王子駅で』。二〇〇一年に単行本として出版され、その後、二〇〇六年に文庫本になって、王子駅の近くの本屋さんでは、まだ店頭にあるようです。

## 文章が成立した経緯を知らない読者からの手紙

単行本のいちばん後ろのページには、「どこそこに連載された」という情報が添えられています。これを「初出」と言います。書き下ろしの場合は、書き下ろしと記されていますが、「初出」は、みなさんが大学に入って、先ほどお話ししたような論文を書くときに役立つ大切なデータです。『いつか王子駅で』の単行本には、「『書斎の競馬』一号〜七号に連載、第八章以降は書き下ろし」と、出自が明記されています。

ところが、これが文庫本になると、「この作品は二〇〇一年六月新潮社より刊行された」というぐあいに、「初出」は省かれてしまうのです。もとの本が書き下ろしなのか雑誌連載なのかという情報は、文庫本からはわかりません。だから、文庫本で初めて『いつか王子駅で』を読んだ人は、なぜこんなに馬の話がたくさん出てくるのだろう、と不思議に思われるようです。

それから、執筆時と発表時のずれも問題になります。例えば、一九九九年四月号は三月に発売されています。そこに連載されていた文章が実際に書かれたのは、二月なのです。単行本と文庫本のタイムラグも同様です。文庫本を新刊として手にとった読者と、何年も前にそれを書いた著者の間には、感覚のずれが生じます。しかし、この時間的なずれが、あたらしい読み手との出会いを可能にしてくれてもいるのですね。

## 創作にゴールはない、あるのは過程だけ

『いつか王子駅で』を文庫本にするとき、何年ぶりかで全篇《ぜんぺん》を読み返してみました。すると、書いた当時は気づいていなかったことがわかってきたのです。

いや、「わかる」なんて、傲慢な言い方ですね。そもそも「わかる」とは、どういうことなのか、それすら僕にはわからないのですから。しかし、そのとき、「わかる」とはこういうことかもしれないな、と二つの面で感じたのです。

一つは、問い直したくなること。あのときにこういう書き方をしたのは、こんな経緯で、こんなふうに感じていたからだろう。では、今なら自分はどう書くだろうか。そう問いたくなったのです。答えのあるなしは別として、こういう問いを発したくなったとき、「わかる」のどこかに触れている。

もう一つは、あいかわらず、どのようにして作品ができあがったのか、自分でもわからないという事実を確認できること。にもかかわらず、作品は、確実にそこにある。これはどういうことか、ずっと考え続けています。あとから考えて、わかるか、わからないか。それは、振り返って新しい疑問をどう自分にぶつけ、積み重ねていくか、模索の繰り返しです。だから、終わりがない。

例えば四百字詰め原稿用紙で十枚の短篇小説を書いたとします。

「なぜ、こんなふうに終わるのですか?」

そう聞かれても、答えようがありません。終わりが来たから終わったのではないのです。そのとき終わりだと感じたから終わったのです。あとで読み返してみると、終わりになっていると思えるものもあれば、終わりになっていないと思うものも出てくるでしょう。しかし、終わったという事実があるからこそ、作品として残っているのです。

これは、学校の宿題やレポートでは、許されないことです。建前だけ言えば、宿題やレポートには必ず結論が、ゴールがあります。ところが、創作にゴールはありません。あるのは常に過程だけなのです。

## いくら勉強しても、すべてわかるという終わりはない

僕は高校時代、中世の和歌や日記文学などの古典が好きだったので、国文科に進もうと思って大学の文学部に入りました。ところが、専門を決める前の教養課程で「そんなに急いで決めなくてもいいのでは」と考え始めたのです。これといって目標を定めず、いろいろ手を出しているうちに、第二外国語で選んだフランス語に興味を覚えて、仏文科に進みました。

ところが、二年生から残りの三年をかけても、フランス語の本を満足に読めるようになりませんでした。もっと勉強すれば、理解できるかもしれない。そこで、大学院に進みました。修士課程を終え、博士課程へ進んでも、まだまだわからないことがどっさりある。

勉強すればするほど、わからないことが増えていくのです。でも、それは当然のことでしょう。いくら勉強しても、これですべてわかった、という終わりはありません。けれども、その都度その都度、何かしらの終止符は打たなければならないのです。いった

んは、諦《あきら》めなければいけないのです。

その諦めに、否定的な意味はありません。矛盾した言い方ですが、これは「積極的な受け身」なのです。わからないことはどんどん増える。でも、いつか終わりが来るかもしれない。それを、「期待しないで待つ」のです。

## 何かが起こるかもしれないから真剣に待とう

『いつか王子駅で』というタイトルは、先ほど言ったように、行き当たりばったりで適当につけたものです。ところがおもしろいことに、「いつか」という未来形が入っているのですね。いつか、ある場所で、何かが起こるのを、期待しながら書く。期待しながら読む。また矛盾した言い方ですが、それは「漠然としたものに対して確信を持つ」ことです。ある明確な目標があって、何月何日までにやらなければいけないから頑張るのではなく、何かが起こるかもしれないからこそ、真剣に待つのです。僕がこの作品で書きたかったのは、あとから振り返ってみると、そういうことだったような気がするのです。

タイトルを先に決めたので、それにあわせてこじつけたのではないかと思われるかもしれませんが、読み返してみると、この作品では「待つ」というテーマが繰り返し登場しています。

読み切りのつもりで書いた第一回で、主人公は、印章彫りを生業《なりわい》としている、謎めいた男の人と知り合います。ところが、その人は早々にどこかへ消えてしまって、いつ戻ってくるかわからない。いつかはわからないけれど、きっと戻って来てくれるだろう。焦らずに、ただ待っていればいいと、そんなことを初回から語っているんですね。あらかじめ決めていたわけではなく、書きながら段々そういう方向に進んでいたのでしょう。だから、結果としてタイトルが、これしかないというものに育っていったことになります。

## 「書く」とは言葉が降ってくるのを見つけること

学部時代の終わりに、卒業論文を書きました。すると、指導してくださった先生に、短くまとめて「早稲田文学」に送ってみたらどうですか、と言われました。いまも形を変えてつづいている文芸誌です。命に従って送ってみました。すると翌年、思いがけず、その文章が掲載されたのです。予定原稿が掲載できなくなった穴埋めとしてですが、原稿用紙に万年筆で書いた原稿が、しっかりした活版活字になったのを見たのは、そのときが初めてでした。

内容は、フランスの作家、マルグリット・ユルスナールについての、エッセイのような批評のような、論文ではない「文章」です。タイトルは『書かれる手』。ドイツの詩人、リルケの作品を読み込んだユルスナールの、若い頃の小説にあった言葉を借りました。書くということ、言葉を見つけ、言葉を摑《つか》みとるとはどういうことか、リルケはずっと考え続けていたのですが、ユルスナールの小説は、それに応じるかのように書かれています。

主人公は、若いピアニストです。年上の妻がいるのですが、実は彼は同性を愛する人でもありました。ふたつの愛に、ずっと悩んできたのです。しかし、ある日、とうとう決心して、妻に別れの手紙を書くことにします。書簡体の作品なのです。

その中に、印象的な記述があります。自分にとっていちばん大切なものへと向かう決心をしたとき、ピアノを弾く自分の手が、今までとはまったくちがって見えた、というのです。自分の手なのに自分の手ではなくなり、誰のものともわからない無名の手が、自らの意思で動いて音を奏でている。そんな瞬間に主人公は出くわすのです。

自分が書くのではなく、言葉が向こうから降ってくるのをひたすら待ち、書かれていくさまを見つめること。それが「書く」という行為なのではないか。言葉を『書く手』ではなく、言葉によって『書かれる手』とは、そのような意味です。

言葉が降ってきて、書かれるのを待つ。タイトルを決めずに書くということと同じですね。何が書かれるかは、想像できない状態で書き始める。書きながら言葉が降ってくるのを待つ。そういう状況に自分をどう持っていくかが問題なのです。

**みんなの気持ちが乗り移ったとき、その言葉は光る**

初めて活字になった文章のタイトルは、やがて単行本のタイトルとなり、文庫にもなりました。いま振り返ると、それは、何かにせかされたり、外からの力で書かされたりしたのではなく、何かを書こうとする自分の意志によって書いたのでさえなく、一つの言葉が次の言葉に結びつき、それがまた別の言葉を呼び、その連動を自分の手が追いかけていったのではないかと思えてならないのです。そのときの身心の状態は、もう思い出せません。

おそらく皆さんにも、書きながらそういう瞬間に立ち会うことがきっとあると思います。

皆さんの先輩が書いた作品を読むと、何か自分のではない力がふっと乗り移って、その瞬間言葉にしないと永遠に失われてしまう感情や光景を逃さず書いたな、と感じられるものがあります。ジャンルは問いません。短歌や詩、小説や評論、何にでも起こり得ます。こうした状態は長続きしないかもしれないし、二度と還って来ないかもしれません。けれど、逃さなかった言葉が目の前にあるとき、それは書いた人だけの言葉ではなく、それを読んでいく読者の、みんなの言葉になるのです。

言葉にみんなの気持ちが乗り移ったとき、その言葉が光り始める。そういう言葉に出会うために、僕は書く仕事だけではなく、読む仕事もたくさんやらせてもらっています。

## 「いつまでもわからない」ことを恐れてはいけない

今日、お話ししたのは、すべて「あとからわかった」ことです。「あとからわかる」とは、裏を返せば「いつまでもわからない」ことでもあります。

皆さんはいま、例えば大学入試から逆算して、自分がやらなくてはいけないことをまとめ、計画を立て、それに則《のっと》って勉強していると思います。

それは絶対に必要なことです。

ただ、いつかはそれが壊れるという前提で、のぞんでほしいのです。計画を立て、やらなくてはいけないことを真面目にこなしながら、「ねばならない」気持ちからいつの日かふっと離れて、動き出すときが来るのを、怖れずに待っていてほしいのです。

無理は禁物です。疲れているときはきちんと休む。勉強も、部活も、そのときにできるベストを尽くせばいい。作文を書くのも、小説や詩を書くのも、スポーツをするのも、すべて身体感覚と結びついています。体のどこかがフワッと浮いて、神経が研ぎ澄まされる。その瞬間を逃さないためには、どうすればいいか。その瞬間をつかめなかったら、次の機会をどのように待てばいいのか。

それを僕は、いまだに考え続けています。ひとりで、ではありません。大学の教室で、学生たちといっしょにです。大学とはそういうところです。結論はありません。いつまでどのように待てるか、それを考えるところです。

文章は、いつも書けるとはかぎりません。書き始めても、途中で放り出してしまうことだって、少なくないはずです。でも、なぜその先に進めなかったかが、あとから説明できればいい。説明できたとしたら、もう次の段階に進んでいる証拠だからです。書けなかったという体験を否定せず、大切にしていれば、五年後か十年後かは人によって異なりますが、必ず次に生きます。

## 自然に入ってくるノイズを否定せず待ち続ける

待つときに大事なのは、ノイズ（雑音）を受け容《い》れることです。どんなにきれいに整っているように見える文章、絵画、音楽にも、必ずどこかにノイズが——歪《ゆが》みがあります。それがないと、音にもなりません。

待っている間に、おそらくいろいろなノイズが、言葉の周辺でぶんぶん唸《うな》っていると思います。静かなところで、じっと座禅を組むように待つのがいいとはかぎりません。ふつうに暮らしていて、自然に入ってくる物音を否定せず、その中から自分の調子に合ったものを取り入れること。問題はそこだけです。

僕が初めて、「小説」と呼ばれるジャンルに近い文章を書いたのは三十七、八歳の頃でした。それまでは、フランス文学の分野で仕事をしていて、「小説」を書いたことも、書きたいと思ったこともありませんでした。

それが、あるとき、ふだん聞いている言葉の音の中の、ノイズを聴き取っている自分に気づいたんです。その音をたどっていったら、これまでと少しだけ表情の異なる文章が生まれた。大袈裟《おおげさ》に言うと、それが先ほどの、「書かれる手」の瞬間だったのかもしれません。その瞬間を通過していなかったら、おそらく皆さんの前でこうして話をする機会もなかったでしょう。一つでもパズルのピースが外れていたら、ここに立っていなかったはずです。

僕はどんな人や物に対しても、かならずおもしろいところがある、と思ってしまう人間です。本に対してもおなじです。九割方だめでも、一割の良質なノイズを見出《みいだ》そうとする。すると、楽しくなるんです。つまらない、趣味に合わないといってすぐ閉じるのではなく、何かハッとするノイズが見つかるかもしれないと信じて、はじめから順に、飛ばさないで、最後まで読むんです。つまり、待っているんです。読むことも待つことだし、書くことも待つことなんです。

さあ、話がいよいよ混沌《こんとん》としてきました。

そろそろ終わりにしましょう。あとからわかるとは、結局のところ、わからないことと同じです。わからない状態を否定しない。それはむしろ、いいことなんです。そう思って真剣に待ち続けましょう。

それが僕の「結論のような結論」です。

（この授業は二〇一三年七月一三日に行われた）

## ◎若い人たちへの読書案内

### 幸田文《こうだあや》『崩れ』『動物のぞき』『木』

**幸田文さんの『崩れ』**は、一九七〇年代に書かれた文章をまとめたものです。刊行されたのは、没後の九一年でした。半世紀近く前、彼女はなにか衝動に駆られるように、巨大な崩れの現場を見てまわります。危険をかえりみず、ときには若い男性に背負ってもらいながら、途方もない土砂の崩落の跡を、自分の目で確かめようとしたのです。それでいったい、何がわかったのか。明確にわかることなど、ありません。彼女はこの先起こりうるかもしれない事象を、起きてしまった崩落の跡に重ねて、ただ見ているだけです。その好奇心の強さ。眼力の鋭さ。あと戻りのきかない瞬間を、彼女は勇気をもって待ち受けようとしていました。

崩れかけているところを、人々は見ようとしません。美しい景色だけ眺めて、鋭角に削られた反対側の斜面を観ようなどとは考えないのです。ところが、幸田文という作家は、ずんずん進んで行くのです。まっすぐなのです。迂回《うかい》の正しさを知っているにもかかわらず、あえて直線を選び、失敗を悟ろうとするのです。『崩れ』の根幹には、自分の誤りに対する敏感さがあります。理解の浅さに目を開かれる人だからこそ、書きえた本だと思います。

おそろしいほどの土砂が一挙に谷へ落ちていく際の、人智《じんち》を超える力に彼女は圧倒されます。しかし、山をよく知る人は、それを「反対側」から、あそこが、いちばん弱い部分なのだと表現するのです。強大な力が発生するポイントは、同時に、もっとも弱い部分なのです。

もう一冊、幸田文の本を紹介しましょう。壮年期に書かれた『**動物のぞき**』です。そこにも「崩れ」が登場します。上野の動物園で飼育係に話を聞く一種のルポルタージュです。彼女は象の飼育係に話を聞きます。怒っているとき、象は耳を横一文字にひろげます。攻撃する前の格好です。それを、あるとき、大好きな飼育係に対して見せた。その直前に、飼育係が象の排せつ物に滑って転びかけたからです。象にとって、「転ぶ」は「崩れ」に等しい。崩れた状態を野生動物に見せてしまうと、原因や理由はどうあれ、崩れそのものの強さに反応するのです。

崩れや怒りは、人を傷つけます。しかし、その負の感情の固まりみたいなものの前後に、きちんとした言葉を与えてやれば、どちらも収まるかもしれません。『崩れ』や『動物のぞき』が、現在の日本の状況を生き抜くための重要な指針になりうるのは、その点です。崩れを見据えることは、自分からはどうしようもない経路で落ちてくる言葉を待つことです。そこには生があり、死があります。両者が露出するのです。この二冊に触れたら、おなじ幸田文の『**木**』を読んでみてください。そして三冊のなかに潜んでいる、とても豊かなノイズを聴きとってください。

これからのロボット倫理学

稲葉振一郎

いなば・しんいちろう
一九六三年東京都生まれ。一橋大学社会学部卒業。東京大学大学院経済学研究科博士課程修了。日本学術振興会特別研究員、岡山大学経済学部講師、助教授を経て、二〇〇一年明治学院大学社会学部助教授、二〇〇五年より同教授。社会哲学を専門とする。著書に『ナウシカ解読　ユートピアの臨界』『オタクの遺伝子　長谷川裕一・SFまんがの世界』『社会学入門　〈多元化する時代〉をどう捉えるか』『宇宙倫理学入門』『政治の理論』など多数。

## 変容を遂げるロボットのイメージ

今日は応用倫理学の観点から、ロボットについて考え、未来の宇宙開発を巡る問題にも言及したい。

世界中にロボットと呼ばれるものはすでにたくさん動いている。これからもロボット技術は発展していくはずだが、「機械としてのロボット」と、我々の抱く「概念としてのロボット」にはズレがある。言い換えれば、現実のロボットと、SF（サイエンスフィクション）におけるロボットは別物なのだ。しかし空想・妄想の産物としてのロボットの歴史はけっこう厚く、現実のロボットの歴史とはズレながらも、互いに影響を及ぼし合っている。

例えば、なぜ日本人が二足歩行ロボットにこだわるのかといえば、『鉄腕アトム』の刷り込みがあるからだ。ほぼ同時期に登場するロボットに『鉄人28号』、ちょっと時代が下って『マジンガーZ』、さらに『機動戦士ガンダム』という流れがあり、私たちはヒューマノイド・ロボットにファンタジーを抱いている。空想の産物たるそのファンタジー性が、現実の科学や技術に影響を及ぼしているというわけだ。

そもそも「ロボット」という語を生み出したのは、カレル・チャペックというチェコの作家である。二〇世紀の初めに書かれた戯曲『R・U・R』に「ロボット」なるものが初めて登場したのだが、それは金属でできた機械ではなく、タンパク質系の物質でできた人工生命に近いもの、要するに人造人間だった。その用途は労働であり、人間に代わる奴隷のような存在としてのロボットが描かれている。

その後、コマンドを打ち込めばいちいち操作をしなくても、ある程度自動的に動いて仕事をする機械がロボットと呼ばれるようになった。そして二〇世紀後半になってコンピューターが発達すると、ロボットの制御系、人間でいえば頭脳にあたるものは、コンピューターが引き受けるのだということになった。人間や動物のような姿をした機械に、脳の代わりとなるコンピューターが搭載されているのが、ロボットとしてめざすべきイメージになったわけである。

最近は日本の自動車メーカーでも実験が行われているが、アメリカが軍事的に研究してきた、人間が運転しなくても勝手に走ってくれる車がある。あれは走行経路を前もって入力するのではなく、自動車自身がカメラで周囲の状況をモニターしながら走る仕組みだ。こうしたロボットカーは、人間の形はしていないけれども、一つのまとまった機械をコンピューターが制御することで成り立っている。これこそまさに、私たちが追い求めてきたロボットのイメージなのだが、二〇世紀の終盤になると、現実の技術の展開のなかから、別のタイプのロボットがにわかに現れてきた。

## ネットワーク時代の新しいロボット

インターネット上を勝手に動き回って仕事をするプログラム、「ボット」(bot)という言葉を聞いたことがあると思う。これはネットワーク上にアップロードされたら、あらかじめ仕組まれた命令を遂行していくプログラムだ。実体を持ったロボットと区別するため、「robot」の語頭の「ro」を落とし、「bot」と呼ばれるようになったのだが、あれも立派なロボットの一種である。

しかしそれは実体のない「ソフトウェア」。インターネットが大衆化して以降、コンピューターネットワークでつながったサイバースペースを、半自動で自律的に動き回っている。ここでは、SFに描かれたファンタジーや想像力の世界に、現実のほうが先行している。

かつてのSFにもバーチャルリアリティを舞台にした作品が多数あったが、現在の私たちは、実際にネットワーク上の仮想現実空間と親しんでいる。娯楽としてのテレビゲームにしても、スタンドアローン、つまり独立したゲーム機ではなく、ゲーム機同士がネットワークにつながっているタイプが主流になりつつある。

皆さんの使っているパソコンも、ネットワークに常時つながっているだろう。OSをはじめとして多くのソフトはプログラムが自動的に更新される。インターネット初期の時代のパソコンはいわば閉じた状態で、プログラムの更新ディスクや電話回線を通じ、ユーザーが必要なときに自分の判断で行っていた。しかし今はネットに常時接続しているのが当たり前。つながっているかぎり、こちらが頼みもしないのに、「あなたのパソコンはそのままだと危険だから直しました」などといってくる。

こうなると一台一台のパソコンは、自己完結した機械とは言えなくなる。あえて言えば、ネットワーク全体が一個の機械であるような、そんな状況になっている。個々のパソコンは、巨大なネットワークの一部分を構成する「器官」「細胞」のようなものになってしまったのである。

それに対して個々の人間は閉じていて、体内では意図していないのに神経が化学物質を使って情報を伝達しまくっている。しかしそれぞれの個体は独立していて、そのつもりがなければ他人とコミュニケーションをとることはない。

初期のコンピューターネットワークというものも、そういうふうにイメージされていたのだが、今は違う。現在のコンピューターネットワークのつながり方は、人間同士の会話というよりも、動物の身体の中での「器官」同士、もしくは「細胞」同士の情報連結のようなものになっている。そのようなネットワーク世界では、ロボットも当然、従来とは違ったものにならざるを得ないわけで、具体的な身体を持っていないにもかかわらず、ネットワーク上で自律的に働く。ボットはその一例である。私たちはすでに、ある種のソフトウェアをもロボットの一種と見なしているのだ。

## 飛躍的に発展する遠隔操作のテクノロジー

では、そのようなネットワークの世界で、具体的なボディを持ったロボットはどんなものになっていくのか。その問題については、ちょっと我々の想像を超えている。しかし、ホンダの開発した直立二足歩行ロボット「アシモ」もそうだが、今のコンピュータはネットワークにつながっていることが基本的な前提。そうであれば、人間や動物のように、ボディをそれぞれの脳がコントロールする単体のロボットが存在するとは考えにくい。今後、人型ロボットができて活動するとしても、そのロボットは人間のように「独立した脳」にあたるものを持たないのではないか。

現実に運用されている無人兵器も、本当の意味での「無人」ではなく、人が乗っていないというだけで、コントロールする人間が基地にいる。その操作は単にラジコン飛行機を飛ばすようなものとは違い、無人兵器はグローバルな軍事ネットワークにつながっていて、人が意図的に制御する以外に、必要な情報を自動的に送受信している。私たちがそういう世界におけるロボットの具体的なイメージをつかめずにいるまま、現実のほうはどんどん先へ進んでいる。

現在のインターネットは、情報だけを伝達するものだ。当初は文字情報が基本で、やがて音声や映像をやりとりできるようになった。では、次にくるのは何だろうか。ある程度実用化されつつあるのは、遠く離れた場所からリアルタイムで自動車を操縦するとか、建設機械を動かすといったリモートコントロールだ。地球の裏側にいる外科医が、目の前にはいない患者の手術をする、といったことまで考えられている。ネットワークを通じて、物理的な仕事を遠隔で行う時代が来ようとしている。無人兵器などはまさにそれを実現したもので、つまり、文字や画像や音を送るだけではなく、ある意味において「物理的な動き」を送れるようになってきているのである。

命令を送った通りに、向こう側にあるものを動かす。今後のインターネットは、そういう方向へ変化していくだろう。そういう世界のロボットは、一つの可能性としては、ネットワークを通じた「遠隔操作の端末・媒体」になるのではないだろうか。

つまりそれらは、極限的に洗練された「道具」である。遠隔手術のテクノロジーが今後どう発展していくかはわからないが、人間の動きをそのまま再現するようなロボットを手術室に置き、熟練した外科医と同じ動きをさせる。それだけではなく、手術室で起こった出来事を、ほとんど感覚的な刺激として、別の場所で操作している外科医に伝えられるようになる。典型的な極限形の例として、そういうことが考えられるわけだ。

それに対して、人間の想像力の先にあるロボットのもう一つの極限形は、「人造人間」である。最初から命令などしなくても、勝手に判断して動き回れる存在。これはもう道具というより、我々とは別種の「人間」と呼べるかもしれない。極限的道具と、人造人間。この二つがロボットというものに関する、私たちの抱くイメージの二つの典型である。

### 自ら動かないものには「心」はいらない？

現在のテクノロジーは、ロボットを「洗練された道具」として進化させようとしているが、一方、「人間」のような自律性を備えたロボットについては、その実現に向けての努力はされているものの、前途がよく見えていない。その背景には、「心がある人間」とはどういう存在なのかが、十分にわかっていないことがある。

昔のＳＦには、いわゆる「心」を持ったスーパーコンピューターがしばしば登場した。

ここでなぜそれらを「ロボット」ではなく「コンピューター」と呼ぶのかというと、それらが身体を持っていないからだ。もちろん物理的実体はあるのだが、その実体、軀体《くたい》は固定されている。私たちがロボットの身体についてイメージする際の重要なポイントは、ボディが自由に動き回れるということ。二本の足を持っていなくても、自動車のようなものであっても、どんな形でもいい。他のものと区別可能な実体を持っているというだけでは固定された建物も一緒であり、「自分で動き回る」ということが、我々の思うロボットには不可欠なのだ。

古い作品なので皆さんはご存じないかもしれないが、例えば『鉄人28号』の作者、横山光輝の『バビル2世』という漫画には、主人公をサポートする心のあるスーパーコンピューターが登場した。そのコンピューターは基地にデーンと構えていて動き回らない。コンピューターはリモコンで動かすロボットは持っていても、自分自身では動かないのだ。しかしそういう「心のあるコンピューター」は、今ではSFにおいても実際の科学技術においても時代遅れの存在となっている。最近のロボット研究者たちは、「動き回るボディを持たないものには、心は必要ない」という結論に到達しているからだ。

生物の世界でも脳を持たない植物は、「心を持つ」ことを適応戦略にしていないわけだ。しかし動物にとっても、脳は必須というわけではない。例えばホヤという生き物は、幼少時に動き回るときには脳を持つが、成熟してイソギンチャクみたいな定着生活に入ると、自分自身の脳を食べてしまう。居場所が決まり、動いて食べ物を取る必要がなくなると、脳はいらなくなってしまうのだ。

こういう生物現象におけるメカニズムも参考にしながら、ロボット研究者がある時期にたどり着いた結論が、「動かないものに心はいらない」というものだった。

自ら判断し、自分のやるべきことを決める機械というものは、動き回っていろんな未知の環境に入り込み、何か困ったことに出会う可能性があるからこそ、その際に何をなすべきか判断して決定する能力、つまり心を必要とする。しかしスタンドアローンの固定されたコンピューターに、心などいらない。こうしたロボット研究者の結論は、私にとって興味深いものだ。

さらに彼らは「仲間がいない生き物に心は必要ないのではないか」というところまで議論を進めている。自然環境への適応には、実は固定的プログラムとしての「本能」で十分で、同じく「心」を持つ仲間との付き合いにこそ「心」がいる、つまり「心というのは本来的に社会的な現象であろう」というもので、生物学の研究の成果がフィードバックされて得られた知見である。こうした「心というものが何であるか」ということについての研究は、生物学者、心理学者、哲学者、科学者が集まって、考えをキャッチボールしながら進められているが、「では、心のあるものを作ってみよう」というところまでは、道が険しくてまだたどり着いていない。

一方で、極限まで洗練された機械、例えば、ものすごくよくできたマジックハンドとか、ものすごくよくできた乗り物としてのロボットなどに関する理念は、かなり明確になってきた。また、それをどのように運用するかというようなビジョンまで整理されつつある。しかし人型の自律ロボット開発に関しては、技術的な課題が非常に大きい。それによく考えてみれば、自分で動き回り、臨機応変に判断をできる存在はすでにある。我々、人間だ。人間一人を育て、一人前にする。それよりもずっと大変な手間をかけて、「人間にできることを行う人工物」をわざわざ作るということには、技術的に「できるか、できないか」とは別に、経済的に見合わず、そもそも「何の役に立つのか」という根本的な疑問がつきまとうのだ。

## 人間のような判断力を持ったロボットは単なる「機械」か？

先ほどお話ししたチャペックのように、ロボットに関するかつての典型的なイメージは、「奴隷」だった。奴隷として使うのなら、心のない機械、純然たる道具に押し留《とど》めておくほうがいい。自ら判断ができるような自律的な機械を作ってしまったら、私たちはそういう機械を「人間扱い」しないでいられるだろうか。

自律性を持つということは、責任を負わせられるということである。我々は道具や機械に対してはもちろんのこと、ペットや使役動物に対しても責任を負わせない。動物がやったことの責任は、飼い主に帰せられる。トラクターに農具がくっついて、農作業を牛のようにある程度自律的にしてくれるといった程度のロボットならそれでいいが、例えば「会社の経営」を任せられるようなロボットが存在するようになったら、もはやそれを一種の「人間」として――それこそ現在の株式会社が「法人」であるように――扱わないわけにはいかないだろう。

それがいやなのであれば、人間だけに任せればいいではないか、という話になる。純然たる研究や楽しみのためならともかく、損得の問題として考えたときに、自律型ロボットを作らなければならない理由はない。

また、そのようなロボットがそもそもどういう存在であるかもよくわからない。現在のネットワークの状況を考えるなら、典型的なロボットは、常にネットワークにつながっているはずである。しかし人間の脳は、他人の脳とネットで直接つながったりはしていない。おそらくそのことは、人間の心の自律性と不可分なのだ。

それなら、ネットワークに常時接続されているロボットの自律性、他と区別がつくものとしての一個のまとまった心というのは、どうやって確保されるのか。ネットワークから断絶させ、スタンドアローンの機械にしてしまうという手もあるが、そんなことをしたらロボットとしてのメリットがほとんど失われ、人間のほうがずっと有能だということになる。

ロボットが役に立つには、やはりネットワークにつながっていなければならない。しかしネットワークにつながったものに、他と識別できる、かけがえのないアイデンティティが育つかどうか。意思や欲望や責任といったものを持つ存在に、ネットワークに常時つながっているロボットがなり得るかどうかは、よくわからない問題なのである。

仮に人間レベルの自律性を持つロボットが実現したら、やはり権利を尊重してあげなければならないだろう。「ロボットだから消耗品扱いしていいよ」ということには決してならないはずだ。

## 「ガンダム」のスペースコロニーが地球の近くに置かれた理由

将来、「人間」的な自律型ロボットの出番が仮にあるとしたら、本格的な宇宙開発においてだと私は思う。その理由の一つは、時差の問題だ。

『機動戦士ガンダム』が好きな人もいるだろう。ガンダムは、月軌道圏内という、ある意味で非常にせせこましい世界が舞台だ。私には、あの作品でなぜ人類がスペースコロニー（宇宙に築いた人工居住地）を月軌道圏内に建設したのかが疑問である。

なぜなら、月軌道圏内にスペースコロニーを置くというのは、大変な手間がかかることだから。重力に逆らって大量の物資を月から打ち上げるのは大変だし、地球から打ち上げるのはもっと大変である。小惑星を引っ張ってくるほうが安上がりで、いっそ小惑星を直掘りしてコロニーにしてしまえば、物資を運ばなくていい分、経済的だ。しかしそうだとすれば、なぜ自然の軌道にある小惑星をそのままコロニーとしてしまわないのか？　そのほうがさらに安上がりだ。

地球に近い月の軌道上にわざわざコロニーを建設する理由があるとしたらただ一つ、時差の問題ということになる。月軌道圏内なら、地球との通信にほとんど時間がかからない。地球上にいるかぎり、私たちは光速の限界をあまり考えることがなく、地球の裏側の人とでも、リアルタイムでしゃべっているような感覚がある。実際には微妙な時差があるが、気になるほどではない。これが地球と月くらいの間になると、秒単位の時差が生まれる。それでも「ちょっと気になる」程度の問題で、気分的にはほとんどリアルタイムでの会話ができるだろう。ガンダムの世界のスペースコロニーというのは、そういう範囲に置かれているのだ。

もしもコロニーを小惑星帯に置いたら、そうはいかない。時差は分単位となって、リアルタイムのおしゃべりは成立しない。それは先ほど話したような精密機械の遠隔操作や遠隔手術などが、地球と小惑星帯との間ではできないということを意味する。もしも分単位以上の時差がある宇宙で複雑な作業を長期にわたってさせようと思ったら、高度に自律的な自動機械が必要となる。そして我々が知っている一番性能が高くて安上がりな自動機械は、人間そのものである。

ところが人間の活動には物理的な制約がある。人は空気のない環境では生きられないので、宇宙に出るときには生命維持装置をたくさんつけなければならない。だから地球外環境が百年とか千年単位の生活拠点になり得るかというと、これはかなり疑問である。『機動戦士ガンダム』総監督の富野由悠季《とみのよしゆき》さんは、スペースコロニーは実現できない、と言い切っている。「宇宙線を遮蔽しきれない」と。

私たちは地球の大気や磁場によって宇宙線や隕石《いんせき》から守られているが、宇宙空間ではそれらの恩恵を受けられない。しかし宇宙線や隕石を避けようとすると、大変な手間がいる。火星の大気には地球ほどの遮蔽能力はないが、温室風のドームや地下にコロニーを作るのは可能かもしれない。しかし火星にも、地球ほどではないが重力があり、無重力という宇宙空間ならではのメリットは利用できない（離着時のコストはばかにならない）。宇宙空間の基本的な活動拠点は、やはり無重力圏の小天体とか、宇宙ステーションが望ましい。しかしそういうところでは、宇宙放射線の遮蔽があまり利かない。人間を含めた生物にとって、そこは非常に過酷な環境なのである。

## 地球こそが私たちの安住の地

千年、万年単位の未来において――もしそこまで人類が生き延びていればだが――太陽系外進出、太陽系外探査が考えられる。太陽系外となると、一番近いところでも四光年ぐらいの距離があるので、現在知られている最先端の技術を駆使しても、そこに行くまでに百年単位の時間がかかる。当然人間が生きてたどり着くことはできない。かろうじて到着できたとしても、その旅行中、ずっとものすごい量の放射線を浴び続ける可能性がある。

こう考えるなら、恒久的な宇宙拠点の開発か、外宇宙への進出といった目的のためであれば、人間並みの性能を持った、しかし人間よりも宇宙環境に対してタフな、自律型ロボットが開発される可能性が出てくる。ただしあくまでも一つの可能性であって、必然ではない。また、好奇心とか純粋な知的探究心でならともかく、経済的利益や安楽を求めて人間が遠い宇宙開発へ乗り出すとは到底思えない。宇宙で幸せに生きられるような存在があるとしたら、それは人間とは物理的にかなり異なるものであるはずだ。

それが人間とは別の、まさに「人造人間」と呼びうるほどの自律型ロボットなのか。あるいはフリーマン・ダイソンというアメリカの物理学者が言うような、改造人間なのか。真空の環境でも生存可能な水とタンパク質ベースの生き物は、ちょっと知恵を絞って工夫して改造すれば、できなくもないというのがダイソンの意見だ。そういう選択肢もあり得るので、自律型ロボットが唯一の可能性ではない。しかし、人間が自分の体を改造してまで宇宙に行きたいと思うかどうかはわからない。

そういう意味で、将来の宇宙開発がどうなるかは予測できないところがあるが、その問題を考えるときには、どうしてもロボットとか、サイボーグ技術との関係で考えないと、どうにもならない。宇宙開発が進めばおそらくそんなかたちで、「ロボット倫理」と「宇宙倫理」が交錯していくことになるだろうと私は考えている。

ところで『ガンダム』の世界の、スペースコロニーに人間がたくさん行くという設定の背後には、人口爆発があった。かつてスペースコロニーという構想を立てたアメリカの物理学者、ジェラード・オニールは、「地球環境は増え続ける人口を維持できないだろう」と述べており、『ガンダム』のイントロでもそういう内容のナレーションが流れる。

だが、現在の人口増加や資源開発の状況を踏まえると、向こう一〇〇年、二〇〇年で大量の人間が宇宙に逃げ出さないと地球上の資源が枯渇し、それを奪い合って凄惨な戦争が起きるなどと考える人は、少なくなっている。依然として人口爆発説を主張する人もいるにはいるが、近年の人口増加のペースは着実に弱まっている。

発展途上国では人口はまだどんどん増えているが、経済が発展して中進国になるあたりから、そのペースは落ちるのが常である。少子高齢化が進み始めた最近の韓国や中国がよい例だ。人口学者の多くは、人口爆発は二一世紀中に完全に終わっており、今後の増加はスローペースになって、地球上の人口は定常状態に達するだろうと予測している。

では資源制約のほうはどうかというと、簡単には断定できない。地球上の資源は有限だが、その資源をより効率的に使う技術革新がどんどん進められている。また、宇宙空間での太陽光発電とか、小惑星から鉱物を取ってくるといったことも技術的には可能だという。そんなことから、地球上で人間が生き続けることは、けっこう長い期間にわたり可能なのではないかという予測が、現時点では主流になっている。

そうすると、科学的な研究や、有用な資源を採取する以外の目的で、人間が長期間、そこを生存拠点にするために宇宙に出ていくという可能性を考えることは難しくなってくる。

つまるところ、私たちにとって最も安全で安楽な生活環境は、この地球上なのだ。——その「私たち」が今とたいして変わらぬ「人間」である限りは。しかしながら未来の人間社会が、「改造人間」や「人造人間」までをも含めたより雑多なグループになっていたとしたら、その限りではない。

（この授業は二〇一三年一一月二日に行われた）

## ◎若い人たちへの読書案内

**スティーヴン・ウェッブ『広い宇宙に地球人しか見当たらない75の理由』（青土社）**

この講義では人類文明の宇宙進出の可能性について論じましたが、さて、仮に広い宇宙に人類（とその後継者）が進出していったとして、仲間というか同類に出会う可能性はどれくらいでしょうか？　実は現代の科学者の多くは、その可能性はとても低い、と考えています。なぜでしょうか？　本書はこの謎（物理学者エンリコ・フェルミにちなんで「フェルミのパラドックス」と呼ばれています）について、物理学者、生物学者、ＳＦ作家らの提出した山のような議論を丹念に渉猟して追いかけていきます。多分野にわたる情報満載で読み物として楽しいというだけではなく、科学的思考・探究法の入門書としてもおすすめの一冊です。ちょっと難しいと思う人は眞淳平《しんじゅんぺい》・松井孝典『人類が生まれるための12の偶然』（岩波ジュニア新書）から読んでみましょう。

**伊藤計劃《けいかく》『虐殺器官』（ハヤカワ文庫ＪＡ）**

たった三冊の長編小説（うち一冊はゲーム『メタルギアソリッド』のノベライズです）を遺《のこ》して白血病で若くして逝《い》った著者の、デビュー作にして最高傑作。簡単に言うと「テロと内戦でてんやわんやの近未来、魔法のようなハイテク兵器で身を固め、精神療法とお薬によって戦場の狂気からも守られた世界最強の特殊部隊兵士が、にもかかわらず、というか、だからこそ最悪の狂気に蝕《むしば》まれてしまうお話」です。エンターテインメントとして大変によくできている（ゲーム『メタルギア』シリーズや広江礼威《れい》のまんが『ブラック・ラグーン』が好きな人には堪《こた》えられないでしょう）と同時に、グローバル化と格差、ナショナリズムと民族紛争といった現代政治のホットイッシュー、更には言語と思考、進化と人間性といった現代科学・哲学の中心テーマへの入門書にもなっている、実にお買い得な一冊です。

**中江兆民『三酔人経綸《けいりん》問答』（岩波文庫、光文社古典新訳文庫）**

福沢諭吉『文明論之概略』（岩波文庫他）と並ぶ、近代日本政治思想の古典。一〇〇年以上前に書かれたにもかかわらず、近代日本国家のぶち当たってきた、そしていまもぶち当たっている問題を不気味なまでに言い当てています。「朝まで生テレビ」を見るのはこの本を読んでからでも遅くありません。文庫版は現代語訳付きだから心配は無用。

# 翻訳とは何か

柴田元幸

しばた・もとゆき
一九五四年東京都生まれ。七九年東京大学文学部英文科卒業、八四年同大学院人文科学研究科博士課程単位取得満期退学。八六年イェール大学大学院修士課程修了。二〇〇七年より二〇一四年三月まで東京大学大学院人文社会系研究科現代文芸論専攻教授。現代アメリカ小説の翻訳書が多数ある他、エッセイや共著に『翻訳教室』『翻訳夜話』(村上春樹との共著)などがある。

## 英語の授業で勉強することとつながる話

主に僕はアメリカの小説の翻訳をしています。ここ二、三年は、英米人と組んで日本の小説を英語に翻訳し、アメリカで雑誌を出したりもしていますが、英語から日本語への翻訳が八五％、日本語から英語への翻訳が一五％くらいで、そのほとんどが小説です。

中学生のときに職業適性検査というものを受けたことがあります。当時は、将来、芸術的でクリエイティブな仕事をしたいと思っていました。なのに、職業適性検査では事務仕事が向いているという結果が出てしまった。「やりたい」ことと「向いている」ことが正反対だったわけです。

そのことはずっと忘れていました。今五十九歳（講演当時）ですが、五〇代に入ってから、なぜかふと、思い出したのです。僕は小説の翻訳を仕事にしています。小説だから芸術に関わることです。なおかつ翻訳という作業は基本的に、細かいことを一つひとつ片づけていく事務的な能力が要求されます。

なので、中学生のときは「やりたい」ことと「向いていること」が違っていて、将来どうなるんだろうと思っていたのですが、結果的にその二つがうまく結びつく仕事に就くことができたわけで、自分としてはとても幸運でした。

この学校では、いろんな大学の先生が皆さんの前でお話をする授業が何年も続いています。先生方はそれぞれの分野で第一線の研究者です。もちろん、いくぶんかの差はあるでしょうが、だいたいにおいて、皆さんが普段学校で勉強していることからは、それなりにかけ離れた内容ではないでしょうか。

でも、今日の翻訳についてのお話は、皆さんが英語の授業で勉強していることと地続きというか、まっすぐつながっています。難しい理論が必要なわけでもないし、天才的な能力がないとできないわけでもありません。

## 英会話ができても翻訳がうまいとは限らない

最近の授業では「英文和訳」をあまりやらないと聞いています。それでもゼロではないわけですよね？

どうでしょう、会場に英語の先生がいらしたら、今、英語の授業で英文和訳をどれくらいやるのか、聞かせていただけますか……。

この学校では英文和訳のほうが主流？　ああ、それは良かった！　素晴らしい。英語の勉強で僕は英文和訳が一番大事だと思っています。

今のグローバルな世の中で最も重要なのは、英語で外国人とコミュニケーションをとれることだから、英会話の練習こそが大切であって、文法をきちんと踏まえ、英語を一文一文ていねいに読んでいく英文和訳のようなことは、もはや古くさい、と考えている人もいます。

しかし、少なくとも翻訳に関しては、そうした勉強はものすごく大切です。文法や英文和訳は「受験英語」とまとめられてしまうかもしれませんが、翻訳ほど、日本の学校における英語の勉強の仕方が報われる仕事はありません。

いわゆる「帰国子女」といわれる人たちがたくさんいます。英語は自由にしゃべれて、書くのにも聞くのにも何の不自由もありません。

では、コミュニケーションの場面で英語を自由自在に操れるそういう人たちは、翻訳の仕事にも向いているでしょうか。話したり聞いたりするのと同じように、翻訳もうまくできるのでしょうか。

必ずしもそうとはかぎりません。もちろん、そういう人たちの中にも翻訳ができる人はいるでしょう。でも、英語で話したり聞いたりすることがうまいから当然、翻訳も上手だろう、というわけにはけっしていきません。

むしろ、英語を話すのはつたないし、聞くのもあぶなっかしいけれど、日本の学校の英語の授業でやるような英語の読み解き方をきちんとできる人のほうが、はるかに翻訳に向いているし、うまくできることが多いのです。

## 「翻訳」と「英文和訳」はどう違うのか

するとしかし、翻訳は英文和訳と違うのでは？　とよく聞かれます。

これは大事な質問です。

「違う」とも言えるし、「同じ」とも言えます。

それは、そう質問する人が、どのような英文和訳の仕方をしているか、によります。

皆さんは英語の勉強でどんなふうに英文和訳をしていますか。

これが主語で、これが目的語、これが動詞と、あまり日本語として自然かどうかは考えず機械的に置き換えれば完成。

このやり方だと、英文和訳と翻訳は、たぶんまったく別のものになります。

日本語として筋が通っていて、わかりやすく、原文で言いたいことがストレートに伝わるように文章をくふうして完成。

このやり方であれば、英文和訳イコール翻訳と思ってくれていいです。

何も特別なことではありません。英語の文章を読んで、その意味がわかったら、それと同じくらい読者に通じやすい日本語にしたい、と考えて英文和訳をしていれば、その人はもう翻訳をしていることになるのです。

ただ、ある程度は、長年にわたって英語をたくさん読んだ経験がないと見えてこないことはあります。そのことも加えて、強いて言うなら、そのあたりが英文和訳と翻訳の違いです。

それは、原文がどのような「感じ」の文章かということです。この「感じ」は「トーン」（調子）や「声」とも言い換えられます。

日本語の文章だと、読んだときに「硬くて読みにくい」もしくは「軟らかくて読みやすい」、「男性的でゴツゴツした文章」だとか「女性的でしなやかな文章」だとか、そういう「感じ」はなんとなくわかりますよね？

それが英語だと、なかなか見えにくいし、聞こえにくいかもしれません。英語だと、どうしても解読すべき暗号文のように見えてしまって、なかなか「感じる」どころではないですよね。こうした、原文が持っている「感じ」ないしは「トーン」「声」から外れてしまうと、翻訳としてはおかしなものになってしまうのです。

## 高校生までに読んだほうがいい小説

では、実際にアメリカの小説の原文と翻訳を見てみましょう。

テキストは、野崎孝《たかし》という人の翻訳で長年読まれていて、二〇〇三年に村上春樹さんも翻訳したJ・D・サリンジャーの *The Catcher in the Rye*（邦題『ライ麦畑でつかまえて』『キャッチャー・イン・ザ・ライ』）。

小説なんていつ読んでもいいようなものですが、歳《とし》をとってから読むのにふさわしい小説と、なるべく若いうちに読んだほうがいい小説があって、この『キャッチャー』は、高校生くらいまでに読むのがいいと思います。僕は大学三年で初めて読んだので、もう手遅れでした。

なぜこの小説は高校生までに読んだほうがいいのでしょうか。

大人がやっていることに、いちいちムカつく。とはいえ、それを自分で変える力もない。自分もそういう大人に、もうじきなってしまうかもしれない。それには何となく気づいている。でもとにかく、あんな大人にはなりたくない。

……というような気持ちが一番強いのが高校時代ではないでしょうか。自分と周囲の数少ないサンプルを見ただけですが、そう思います。

要するに「世の中みんなバカばっかりで自分だけが賢い」と思ってサマになるのは、せいぜい高校生くらいまで。それを大学生になってもまだやっていると、アホに見えます。この小説は、そういうギリギリのところが描かれた作品です。

書き出しの部分を読んでみましょう。

## 相手かまわず話を勝手に進める書き出し

> If you really want to hear about it, the first thing you'll probably want to know is where I was born, and what my lousy childhood was like, and how my parents were occupied and all before they had me, and all that David Copperfield kind of crap, but I don't feel like going into it.

いきなり If you really want to hear about it, と来ました。you「君」って誰だよ、it「それ」って何だよ。何の予備知識もないまま、読者は話しかけられます。直訳すれば「もし君がその話を本当に聞きたいなら」と。

私は誰々です、何歳で、仕事は何で……と一から順々に説明するのではなく、まるで相手が親しい友達であるかのようにかまわず話をガーッと進めてしまう、そういう「感じ」の書き出しです。

the first thing you'll probably want to know——この文章の構造はわかりますか?

you'll probably want to know「君がたぶん知りたい」がthe first thing「最初のこと」にかかっています。「君がたぶん真っ先に知りたいことは」どういうことかというと、is where I was born,「僕がどこで生まれたか」、and what my lousy childhood was like,「しょうもない子どもの頃がどんなだったか」。このlikeはwhatにかかります。lousyはまだ知らなくてもいい単語で「ひどい」「どうしようもない」といった意味。そしてもうひとつ「知りたいこと」がhow my parents were occupied and all before they had me,「彼らが僕を持つ前（つまり僕が生まれる前）両親が何をしていたかとか」。この小説は高校生の少年が語り手なのですが、and allというのは彼の口癖で、日本語でもよく「とか」をたくさん付ける人がいますよね？　あんな感じです。David Copperfield kind of crap,「デイヴィッド・コパフィールドみたいにくだらないこと」。crapも、知らなくていい汚い言葉で「くだらない、取るに足らないこと」といった意味です。デイヴィッド・コパフィールドについては後で説明します。最初のthe first thing you'll probably want to know isの動詞isの補語部分が、延々とここまで続いたわけです。君がたぶん真っ先に知りたいことは、僕がどこで生まれたかだとか、しょうもない子どもの頃どんなだったかとか、僕が生まれる前、親が何をやっていたかとか、そういったデイヴィッド・コパフィールドみたいなどうでもいいことを、君は知りたいと思うんだろうけど、I don't feel like going into it. 直訳すると「そういうことに入って行く」つまり「そういうことに入りたいと思わない＝そういう話はしたくない」。feel like は「～したいと思う」。going into it. の

## イギリス的な考え方とアメリカ的な考え方

さて、この冒頭の文章を読んで、皆さんはどんな感じがしましたか？

落ち着いた、理路整然とした感じがするなあ、とは思わないですよね。むしろ、すごくせわしない、せかせかした感じがする。そう思ってくれると正解です。もちろん、小説というのはいろんな読み方ができるので、絶対の正解はありませんが、ある程度、誰が読んでも同じように感じる部分はあります。これがとても論理的で理知的な語りだとは、英文を読める人なら誰も思いません。そのあたりまでは誰でも同意するところです。

それで、ここからは少し、翻訳の話というより英米文学の話になります。アメリカ文

学の研究というのは、例えばどういうことを考えるのか。そのサンプルとして聞いてください。

このThe Catcher in the Ryeは一九五一年にアメリカで書かれた小説です。

アメリカの文学は、いかに自分たちがヨーロッパと違うか、特に英語圏であるイギリスと違うか、ということにこだわってきた文学だし、アメリカ人とはそもそもそういうことにこだわる国民です。

デイヴィッド・コパフィールドは、イギリスの代表的な小説家チャールズ・ディケンズが、サリンジャーが『キャッチャー』を書くおよそ一〇〇年前に書いた小説の題名で、主人公の名前でもあります。『キャッチャー』の語り手の高校生、ホールデン少年が「デイヴィッド・コパフィールドみたいなどうでもいい話はしたくない」というのはある意味で「僕はイギリス人みたいな話はしたくない」ということなのです。

『デイヴィッド・コパフィールド』はおもしろい小説ですが、七〇〇ページくらいあって、とてつもなく長い。まあやっぱり昔は娯楽も少なかったので、長い小説も受け入れられやすかったんですね。主人公が生まれたところから始まって、孤児になって、いろんな波瀾《はらん》万丈の人生を生きて、最後の最後、人生の終わりに近づいて、「いい人生だったなあ」としみじみする。簡単に言ってしまうと、そんな話です。

このあたりがいかにもイギリス人らしい。つまり、自分という人間を説明するのに、どこで生まれ、どんな人が親で、どういう人と接し、何をやってきたのか、それらを順序立てて話すと、自分を語った気になるという前提に支えられている。そしてこれは『デイヴィッド・コパフィールド』以外の多くのイギリス小説についても当てはまります。

しかしアメリカ人のホールデン少年に言わせれば、そんなことではまったく自分を語った気にはなれない。どこで生まれたとか、親がどんなだったかとか、自分が子どもの頃どうだったかさえ、そんなことをしゃべっても、僕という人間をわかってもらえる気にはならない、というわけです。つまり、過去とのつながりや世界とのつながりをしゃべることで自分を語った気にはなれない、今ここにいる自分がすべてなのであって、過去や世界とのつながりなんて関係ない。

これはとてもアメリカ的な考え方です。国にかかわらず「若者的」な考え方だとも思いますが——僕も高校生のころ、そんなふうに思っていた記憶があります——強いて国で考えれば、アメリカに色濃い考え方だと言えます。過去とのつながりを大事にするイギリス的な考え方と対照的に、今ここがすべて。それだけだと、そんなヤツの話は聞きたくない、と思ってしまうわけですが、今ここの自分がすべてだと考える反面、今ここの自分がとても頼りない存在であることも、どこかでわかっている。それで、こういうせかせかした、落ち着かない語り口になるのです。もちろんそういうことが、冒頭の数行だけ読んでわかるわけではなく、だんだん読み進めるうちにわかってくるのですが、この一節だけ取り上げてみても、イギリス的な自分についての考え方と、アメリカ的な自分についての考え方の違いがとてもはっきり出ています。

簡単に言ってしまうと、アメリカ文学では「私はAではない」「私はBでもない」といった言い方がよく繰り返されます。ならば私は何なのかというと、よくわからない。そういう表現が多いです。

## 原文の意味に忠実なだけでは翻訳にならない

ではテキストに話を戻しましょう。語り口としては、せかせかとした落ち着かない語り口。そのことを頭に置いて、次の訳例を見てください。
例えばこんな訳し方。

**訳例A**

もしあなたがそれについて本当に聞きたいなら、あなたがおそらく最初に知りたいのは、私がどこで生まれて、私のお粗末な幼年時代がいかなるものであったか、そして私を生む前に私の両親がどのようなことに従事していたか等々のデイヴィッド・コパフィールド風のくだらぬ話であろうが、私はそれに立ち入る気はない。

これは、英文和訳の答案としては、とりあえず満点にせざるを得ません。ではこれで翻訳として良いかというと、全然ダメです。トーンが違う。こんなに落ち着いて理路整然としたトーンでは、原文とまったく異なります。
大学入試で英文和訳の採点をすることがあるのですが、あれはけっこう、精神衛生に悪い。こういう訳文に満点を与えざるを得ないからです。

で、学生が大学に入学してからの翻訳の授業では、こういう訳文を学生がつくってきたら思う存分ダメ出しができるので、精神衛生に良いです。

ならば、どのように翻訳するのが望ましいのでしょうか。例えば次の訳例。

**訳例B**

もし君がほんとに僕の話を聞きたいんだったら、まず知りたがるのはたぶん、僕がどこで生まれたかとか、子どもの頃のしょうもない話とか、僕が生まれる前に両親は何をやっていたかとかなんとか、そういうデイヴィッド・コパフィールドっぽい寝言だろうと思うんだけど、そういうことって、話す気になれないんだよね。

lousy とか crap とか、あまり使わないほうがいい汚い言葉も入っているので、本当はもう少し乱暴な調子にすべきなのかもしれませんが、そういうのを僕はあまり得意ではないので、このくらいにおとなしくなりました。しかし方向性としてはAの訳例よりずっと正しく原文のトーンが伝わります。

英語でいうfidelity「忠実さ」は翻訳に欠かせません。つまり原文の意味に忠実なこと。それは大事です。しかし、それだけでは良い翻訳になりません。忠実さにおいては満点でもポイントを外している翻訳はいくらでもあります。

## なぜアメリカの翻訳家は愚痴が多いか

二〇一三年にアメリカで出版された*In Translation*という本があります。複数の翻訳家が自分の仕事について、どんな意味があるのか語った本です。アメリカ人だけでなく村上春樹さんの文章も英訳されて収録されており、僕も背表紙に推薦文を書きました。

この本の中でも指摘されているのが、忠実さの過大評価です。いわゆる「誤訳」という言い方があって、要するにmanが「女性」になっていたり、horseが「牛」になっていたり、そういう単純な間違いのこと。一方、『キャッチャー』の冒頭の一行If you really want to hear about it,を訳例Aのように「もしあなたがそれについて本当に聞きたいなら」と訳した場合、そこにいわゆる誤訳はまったくなく、原文の意味内容にはきわめて忠実です。そして、こうした忠実さがとりあえず評価されてしまうわけですが、翻訳とはそういうことではない、と多くの翻訳家がいろんな言い方でこの本では述べています。

日本でも、翻訳家が自分の仕事について書いた本がいろいろ出ています。しかし、日米では大きな違いが一つある。

それは何かというと、アメリカの翻訳家はみんな愚痴が多いです。翻訳という仕事がいかに軽視されているか。金銭的に報われないか。翻訳家の社会的地位がいかに低いか。そういうことを強調している人が多いです。

自分の仕事について書いた本で、日本の翻訳家がこうした愚痴を述べるのは、あまり見たことがありません。それだけ日本では翻訳という仕事が社会的に認められているわけです。そもそも、僕がここでこうして、翻訳家として皆さんの前で話せること自体、その証拠といえます。

## お手本の仲介者として尊敬された翻訳家

翻訳家の社会的地位が日米で違う。まったくどうでもいい話に聞こえるかもしれませんが、大きな枠組みで考えると意味のある話だと思っています。

なぜ日本では、翻訳家がある程度の地位を認めてもらっているのか。それは、明治時代以降、日本が西洋文化とどう接してきたか、ということにつながります。日本の文化は、外の世界に自分たちより上のお手本があって、そのお手本を真似《まね》て、自分たちを引き上げようとしてきた文化です。かつては中国を範と仰いだわけだし、明治時代には、自分たちより政治的、経済的、軍事的にずっと上の西洋諸国に追いつけ追い越せ——これが至上命令でした。

そのために、西洋の文化をどう学んだか。明治時代には「お抱え教師」といって西洋から学校の先生を呼んで授業をしてもらいました。しかし、一般の人たちに情報が広まるためには、やはり翻訳という作業が重要だったわけです。

すると、それを担う翻訳家は、自分たちより上であるところの西洋と日本の間にいる仲介者の立場として存在した。だから何となく尊敬される。そういう構造があったと思うのです。

アメリカの場合はどうでしょう。日本のほうが上だから追いつこう、などという発想は、まずありません。見上げる視線がないので、文化の仲介者としての翻訳家を尊敬することもないのです。

どちらが良いか悪いかは、もちろん一概には決められません。ただ、自分たちの外に立派なものがあって、それに追いつくよう努力すること自体は、決して間違っていないと僕は思います。

その一方で、二つの文化が接するときには平等を前提とするべきだという気持ちも強いです。おそらく、僕らの世代のように、「西洋のほうが上」という価値観を埋め込まれてきた世代よりも、皆さんのように、そういう価値観がだんだん薄れてきている世代のほうが、この問題については、もっと柔軟に考えられるのではないでしょうか。

## よその文化を見上げも見下げもしない健全さ

二〇〇八年に鳥取県の高校で講演したとき、お膳立てをしてくれた高校生二十人くらいとしゃべっていて、アメリカが好きか嫌いかという話題になりました。当時はちょうど、バラク・オバマが大統領に就任したばかりの頃です。

アメリカが好きな人？　と手を挙げてもらったら一人もいませんでした。アメリカが嫌いな人？　と聞いたら、その場の全員が手を挙げたのです。

　これにはけっこう衝撃を受けましたが、考えてみれば納得がいくことでもあります。二〇〇八年に高校生だった人は、物心がついて、アメリカがどんな国かがわかりかけた頃は、ジョージ・ブッシュの政権が続いていて、最低のアメリカばかりずっと見ていたわけですから、アメリカが嫌いなのは素直な気持ちだったにちがいありません。

　それで今また、皆さんにお訊《き》きします。ごくおおざっぱなイメージでかまいません。アメリカが好きか、嫌いか、どちらでもないか。

アメリカが好きな人？　はい、だいたい四分の一かな。ありがとう。

アメリカが嫌いな人？　ああ、割と少ないですね。

どちらとも言えない人？　なるほど、これが一番多い。

オバマ大統領になって、共和党に足を引っ張られ、いろいろな機能が停止し、苦労していますけれども、皆さんの様子からすると、アメリカの印象は二〇〇八年当時よりは好転しているようです。

好きな人もいるし、嫌いな人もいるし、どちらでもない人もいる。今くらいのバランスが一番健全な気がします。

先ほども述べたように、皆さんのように若いうちは、どこかよそにすごいものがあって、それをお手本にして自分をどんどん引き上げていこうとする気持ちも大事ですが、よそのものが前提としてすべてすごいわけではないし、前提としてすべてくだらないわけでもなく、みんな同じ人間のすること、だけれど人間はそれぞれ違っている、という二重の前提から始めるのが、健全な姿勢だと思います。

## 芭蕉の名句はどこまで正しく翻訳できるか

話がだいぶそれました。翻訳に戻しましょう。

そもそも翻訳は可能なのか。これはあまりにも乱暴な言い方ですが、どこまで正しい翻訳ができるのか、ということを考えてみましょう。

材料として、松尾芭蕉《ばしょう》の有名な、次の俳句の英訳を何例か取り上げます。

古池や　蛙《かわず》とびこむ　水の音

**訳例（1）**

Old pond――frogs jumped in――sound of water.　Translated by Lafcadio Hearn

最初期の翻訳、ラフカディオ・ハーンのものです。ラフカディオ・ハーンはご存知ですよね？　小泉八雲という日本名を持ち、『怪談』など日本の民話を掘り起こし英訳した功績で知られる人です。さて、その翻訳を見てみると、pond は池。old pond だから、まさに古池ですね。frogs jumped in カエルが複数形になっています。ハーンはカエルが一匹ではなく何匹もいると考えました。この解釈は、たぶん少数派だと思います。カエルが飛び込んだから sound of water 水の音がした。古池、蛙、飛び込む、水の音。かなり日本語の語順に忠実な訳です。「水の音」は日本語では水が先だから water's sound になるかといえば、さすがにそれは、英語を母国語とする人の感覚からすると変なので、ここは sound of water と、日本語の順番と逆になっています。カエルが複数ということ以外は、まず標準的な訳だと思います。

**訳例（2）**

Into the ancient pond
A frog jumps
Water's sound!

Translated by D. T. Suzuki

old が単に「古い」なら、ancient は「いにしえの」といった和訳が似合いそうな、もうちょっと改まった言葉です。確かに「古池や」の英訳にはこちらのほうがふさわしいかもしれません。これは鈴木大拙《だいせつ》という、禅の思想を西洋に広めた人の訳です。日本人なので「水の音」も躊躇《ちゅうちょ》なく Water's sound と、そのままの語順で訳しています。

**訳例（3）**

The ancient pond

A frog leaps in
The sound of water.

Translated by Donald Keene

前の二人の訳者はだいぶ昔の人ですが、これは現代の代表的な日本文学研究者による訳。東日本大震災の後、日本に帰化することを決めたドナルド・キーンという人です。leap というのは jump とあまり変わりません。

**訳例**（4）

The quiet ancient pond
A frog leaps in,
The sound of water.

Translated by Edward Seidensticker

（3）の訳と同じじゃないか、と思うかもしれませんが、ancient「いにしえ」の前に quiet「静かな」を加えているのと、A frog leaps in, のカンマに注目。カンマによって、カエルが飛び込み、一瞬の間があって水の音がポチャンとするようすを伝えようとしています。そこが少し違いますが、まあほとんど一緒といってもいい。この訳は、ドナルド・キーンと並ぶ代表的な日本文学研究者で、『源氏物語』の翻訳で知られるエドワード・サイデンステッカーによるものです。正統派の学者が訳すとだいたい同じになるわけですね。

## 日本語ならではの余韻を英語にする工夫

さて、今までの訳例を見てどうでしょう。「古池や　蛙とびこむ　水の音」という元の俳句の良さは伝わっているでしょうか。

例えば、

The quiet ancient pond
A frog leaps in,
The sound of water.

これを英語圏の人が読んだとして「ああ、いい詩だなあ」と思うでしょうか。たぶん思わないです。

静かな古い池にカエルが飛び込み、水の音がたった。……それがどうした？　と思われるのが関の山です。

芭蕉の元の俳句は、とてもよくできています。

カエルが池に飛び込み、水の波紋がだんだん広がっていく。そのようすを、「かわず」「とびこむ」「みずのおと」というふうに、三文字、四文字、五文字と増えることによって表している。しかも「みずのおと」の最後の三文字の母音は、アイウエオの中で口が一番前向きに開く「オ」の音です。音節の数と特定の母音の連続——つまり説明ではなく「音」によって、余韻が広がっていく感じを見事に表しています。そこは英語で真似できません。

しかし、それをなんとか真似したいと、いろんな工夫を後の人たちがしました。例えばアラン・ワッツという、一九六〇年代のヒッピー文化の中で禅の思想を広めた人は、こんなふうに訳しました。

**訳例（5）**

The old pond,
A frog jumps in:
Plop!

Translated by Alan Watts

Plop! というのは、ポチャンという音を強調した表現。まあこれは、ややパロディ的な、ふざけた感じですね。

それに対し、次のように、ていねいな訳もあります。

**訳例（6）**

Breaking the silence
Of an ancient pond,
A frog jumped into water——

A deep resonance Translated by Nobuyuki Yuasa

これは英文学者の湯浅信之氏による訳です。

Breaking the silence / of an ancient pond,「いにしえの池の沈黙を破って」、A frog jumped into water「カエルが水の中へ飛び込んでいった」。

A deep resonance の resonance は高校レベルでは少し難しい単語ですが「響き」のことです。深い響きがそこにある、という意味。この訳は、元の俳句に隠れているいろんな要素をすごくていねいに説明しています。最初に沈黙があって、それが破られた後に、豊かな響きがそこにある、ということを説明しています。元の俳句のニュアンスを伝えている点では、とても良い訳といえます。

ですが、やはり俳句の良さは、音の余韻で水の波紋を表すような、語らないけれど伝わる良さです。この訳は、そこをはっきり言葉にして語っています。だからこれはやはり、翻訳というよりもむしろ、ほとんど説明といっていいです。

**訳例（7）**

pond

frog

plop!

Translated by James Kirkup

※（1）〜（7）の訳例は"Matsuo Basho's Frog Haiku (30 translations)"より

これなんか結構いいかなと思ったりします。カエルって、まさにこういう斜めの感じで池に飛びこみそうですよね。見た目すべて四文字になっているのもいい。ただ、こうするとコミカルすぎて、元の俳句の厳かな感じはなくなります。この訳者、ジェイムズ・カーカップは上智《じょうち》大学で長年教えていた人です。

このように、「古池や　蛙とびこむ　水の音」の翻訳はいくつもありますが、いずれも「帯に短し襷《たすき》に長し」で、どれ一つとして原文通りというわけにはいきません。だから極端にいえば、どんな翻訳でも原文の良さを一〇〇%伝えることは不可能なのです。何かは失われます。原文のニュアンスを説明することはできますが、そうすると原文の簡潔さが失われる。逆に簡潔さを大事にしようとすると、今度は説明不足になる。これは翻訳の宿命というしかありません。

## 10対9で負ける努力を惜しまないのが翻訳

芭蕉の句「古池や……」と同じくらい有名な、宮沢賢治の詩の冒頭部分の訳例を三つ、見てみましょう。

> 雨ニモマケズ
> 風ニモマケズ
> 雪ニモ夏ノ暑サニモマケヌ
> 丈夫ナカラダヲモチ

**訳例**（8）

Be not defeated by the rain.

Nor let the wind prove your better.
Succumb not to the snows of winter. Nor be bested by the heat of summer.
Be strong in body.

**訳例（9）**

Unbeaten by the rain
Unbeaten by the wind
Bested by neither snow nor summer heat
Strong of body

**訳例（10）**

Strong in the rain
Strong in the wind
Strong against the summer heat and snow

He is healthy and robust

すべて説明していると長くなるので、最初の一行だけに注目してください。

**訳例（8）** Be not defeated by the rain.

皆さんはこういう英文を書かないでくださいね。Don't be defeated とすべきなのを間違えたわけではなく、これは古い英語の言い方です。最初の一行から古風な感じを出しています。

**訳例（9）** Unbeaten by the rain

「雨によって負かされない」。ほぼ直訳で、同じようなトーンで以下、続いています。

**訳例（10）** Strong in the rain

「雨の中で強い」。負けないことをひっくり返して「強い」と表現しています。

さてどうでしょう、どれが元の詩の良さを伝えていると思いますか？　直感でいいですから挙手してみてください。

……（10）がやや多く（9）がその次ですね。（8）は少数派。

（8）に手を挙げた人、ごめんなさい。この結果と、大方の評価は一致しています。（10）を評価する人が一番多い。（9）も悪くないですが、「雨にも負けず」という日常的で簡単な日本語に対して Unbeaten では、やや聞き慣れない感じです。それに比べて（10）の Strong in the rain は、単純な言葉で力強さを伝えています。シンプルさ、力強さで等価という点で（10）が最も良い翻訳といえるでしょう。これは、宮沢賢治についての著作もある、賢治のよき理解者ロジャー・パルバースの訳です。

先ほど「どんな翻訳でも原文の良さを一〇〇%伝えることは不可能」と言いました。つまり、あらゆる翻訳は、誰がやっても負け戦《いくさ》なのです。

とはいえ、同じ負け戦でも、10対0で負けるよりは、10対9で負けたほうがいいと思います。だから「より良く負ける」努力をするのです。

もちろん「負けは負けだ」という考え方もあります。そういう人は原文を読んでもらうしかありません。何事も完璧を求めると先へ進まない。それは翻訳にかぎりません。不完全かもしれないけれど、とりあえず次へ進むのは大切です。一〇〇%納得しなければ次へ進めないとなると、人生を柔軟に生きられません。

不完全でもいいから、なんらかの結果を残す。それが肝心だと思います。

全盛期のイチローだって、打率4割は超えませんでした。完璧でなければダメなら10割打たないといけませんが、そんなバッターはどこにもいない。それでも野球はできる。完璧に成し遂げられることのほうが人生では少ないと思います。

翻訳を通じて、そんなこともわかってもらえるとうれしいです。

（この授業は二〇一三年一〇月五日に行われた）

## ◎若い人たちへの読書案内

僕は中高生のころ、ほとんど本を読みませんでした。親戚が古本屋を畳んだときに送ってくれた本をいまでも列挙できるくらいで（**『星の王子さま』『ビルマの竪琴《たてごと》』**……）、記憶はごく限られたものしかありません。その後、大学で教師をやったり、翻訳をやったりする上で、これは大きなハンデになりました。読書量が少ないのは、知的基礎体力が少ないということであり、相撲取りの体重が軽いみたいなものだからです。まあその分、本を読んでいない人の気持ちがわかるというか、相手が本を読んでいることを前提にしないで話すことが自然にできて、教えたりする上である程度強みになると思うけれど、いまもし過去を選べて、もっと本を読んだ過去を選び取れるなら、迷わずそうします。昔のことをぐだぐだ言ってないでいま読めばいいじゃないか、と言われるかもしれませんが、違うんです。やっぱり若いうちに読んだ方が、体に染みるのです。歳をとると、どうしても「面の皮が厚くなる」ので、いろんなことが刺さってきにくい。証明はできないので、信じてくださいと言うしかないんですが、ホントです。若ければ若いほど染みます、刺さります。ぜひ中高生のうちから読んでください。

1　**夏目漱石《そうせき》『吾輩《わがはい》は猫である』**　もう読んだ人も多いかもしれませんが、僕にとってもこれは中学生のときに読んだ数少ない本のひとつで、読んでよかったとつくづく思う本です。猫が人間の愚かしさを観察して、語る、という構造になっているのだけど、その猫の語りが不思議と独善的にならず、上等のユーモアが保たれていると思います。
2　**カフカ『変身』**　あらゆる小説のなかで、読むべき本を何かひとつ選ぶとしたら、これじゃないかと思います（短くて、読むのにあまり時間がかからないという即物的、非文学的な理由も含めて）。ある日男が目覚めたら虫になっていた、という設定だけでも十分変ですが、その男が「なぜ俺は虫なんかになったんだ？」と問うたりせず、まるっきり当たり前のことが起きたかのように、あー会社に遅れちゃう、とか普通にあせっているところから始まって、一人一人の行動が、考えてみると一々変です。なのに、それぞれの人の身になってみると、ひょっとして自分もこんなふうにふるまったり考えたりするかなあ、こういうふうに行動する人もいるかもしれないなあ、とも思えてくる。突拍子もないようでもあり、普通のようでもある、というこの感じは、この世界に生きることの不思議さを、案外まっすぐ伝えている気がします。
3　**ポール・オースター『ムーン・パレス』**　自分の翻訳を一冊挙げさせてもらいます。読者から、「高校のときにこれを読んですごくよかった」と言われることが一番多い本。一九六〇年代、七〇年代のアメリカに青春時代を送る若者の話ですが、その生き方の不器用さが、場所や時代を超えて多くの人の共感を呼ぶのかもしれません。
もちろん、多くの人に「効いた」からといって、あなたに「効く」かどうかはまったくわかりません。何でもそうですが、本も一人一人効き方は違います。あなたに効く本と出会えますように。

# 哲学とのつきあい方

中島義道

なかじま・よしみち

哲学博士。一九四六年福岡県生まれ。一九七七年東京大学大学院人文科学研究科哲学専攻修士課程修了。一九八三年ウィーン大学哲学博士。一九九五～二〇〇九年電気通信大学人間コミュニケーション学科教授。著書に『カントの時間論』『カントの自我論』などのカントに関する作品、『人生に生きる価値はない』『ひとを〈嫌う〉ということ』『生き生きした過去　大森荘蔵の時間論、その批判的解読』『七〇歳の絶望』など多数。

## 哲学は立派なものじゃない？

最初にお話ししておくと、「哲学」というのは、あまり立派なものではありません。すばらしくとも何ともない。むしろやっかいなものだと言うほうが正しいでしょう。なぜやっかいなのか？　それは「生きる」ということと直結しているからです。

実際、私が哲学をやり始めた理由も、ある種の病気にかかってしまったからでした。なぜ自分は存在しているのか？「今」とは何か？　時間とは何を意味するのか？　そういった、普通の人が疑わないようなことを全部、端から疑うようになってしまった――私はこれを「哲学病」と呼んでいます。

私が皆さんと同じ年齢の頃は、とても変わった子どもでした。今でもきっと変な大人なんだろうと自分でも思います。というのも、普通の人のおもしろがることが、自分にとってはほとんどおもしろくなくて、他の人があまりおもしろがらないことがとてもおもしろかった。何しろ小さい頃から周りの人を嫌がらせる子だったんです。

極端な例を一つ挙げましょう。小学校一年生のときに私のおじいちゃんが亡くなり、それから「死ぬ」ということが頭の中にずっと居座ってしまった。死というものがどうしても頭から離れず、朝から晩までずっと「怖い」という状態が続いた。皆さんの中にも三、四人は同じ状態に陥っている人がいるかもしれませんね。私の場合は学校に行けなくなってしまって、親の前でもずっと泣いていたわけです。でも、大人は具体的な話しかわかってくれない。特に大きな病気にかかっているわけではない。危険な目に遭っているわけでもない。ごく日常の生活を送っているのに「死ぬのが嫌だ」とか言い出す子は、大人から見たら変な子だし、何より困った子ですよね。皆、最後は死を迎えます。そんなことわざわざ持ち出されるとちょっと面倒だ……。

結局、私は学校の先生に「中島君、最近おかしいから」と呼び出され、校長室に連れていかれ「本当の悩みを言いなさい」と言われた。小学校一年生にして校長室に呼び出しをくらってしまったわけです（笑）。そこで「死ぬのが怖いから」と説明しても、ケラケラと笑われるだけ。「ずっと先のことだから大丈夫よ」なんて言われてしまう。でも「ずっと先」なんて言われても、そんなのせいぜい七十年くらいのことじゃないですか？　それから六十年経ってしまいました。

## 「子どもでいること」が苦痛だった子ども時代

そのときに学んだことは、まず「大人はわかってくれない」ということ。そして「こういうことは人前で言ってはいけない」ということ。六歳でそこまで明確に自覚していたかどうかはわかりませんが、少なくともそれに近いことを考えていました。

それから今になるまで六〇年間、死ぬということが頭の中にこびりついています。別に殺されそうになったわけでも死のうとしたわけでもありません。子どもの頃は理科少年で、宇宙の話なんかが大好きだった。でも、一つの星や宇宙の寿命は何億年もあって、死ぬと何億年も生き返らない。ずっとまったく無なんだということを考えると、朝から晩まで何にもやる気がなくなるわけですよ。そんなときに図書館で宇宙の本を読んでも、太陽は次の瞬間に爆発するかもしれない、なんて不安になる。とにかく怖くて怖くてしょうがない。普通の子どもと違うかもしれないけれど、そういうものが十歳前後までに固まっていったんです。

そうやって考えると、今まで自分がどうやってまともに生きてきたのか不思議なくらいです。まず、親とか先生とか周囲の大人は「そういうことは問題ではない、それは病気みたいなものだから、もっと明るくちゃんとしたことを考えなさい」という方向だった。

学校はとても嫌でした。勉強以外、全部嫌いだった。運動会とか遠足とかなくなればいいと思っていましたよ。給食も大嫌いでしたね。私は肉が嫌いなのに、給食では全部食べなければいけないでしょう? そういう協調性も嫌いだった。要は、協調することの意味がよくわからなかったんです。それは別にエゴイズムというわけではないんですよ。ただシンプルに、「なんで皆、人のことを放っておいてくれないんだろう?」って思っていただけ。

それに、普通、子どもはテスト大嫌いなはずでしょ? 私は逆にテストだけが大好きだった。だって、点が良かったから。休み時間が地獄だった分、勉強の時間はむしろ気楽だったんです。でもそんなこと言ったらクラスメイトに嫌われますよね。桐光学園はすばらしいことに文武両道だからそんなことはないかもしれないけれど、たいていの学校では浮いてしまう。

とにかく子どものときは子どもらしくいることがとても大変だった。早く大人になりたいなと思っていました。あと何千日経《た》ったら大人になれるんだろう。ずっとそんなことを考えていた。二〇歳になれば、人は干渉しなくなる。でも、実際はそうではなかった。

## 東大に入っても「哲学病」は治らない

私は成績だけはとても良かったので、周りから認められることによってなんとか自分の「哲学病」をごまかしてきました。そして親戚の誉れと思い、東京大学の法学部に進んだ。小さな頃から勉強ができると、たいていの大人は「東大に行きなさい」と言ってくる。「東大に行くなら法学部に行きなさい」、さらに「法学部に行くんだったら大蔵省に行きなさい」、そして「官僚になりなさい」。……なんでそんなことをする必要があるのか、自分ではまったく意味がわからないまま、それでも言われた通りにしていました。

明日死ぬかもしれない。本当はそんなことを考えているから、受験勉強は自分を騙《だま》して、騙して、騙しながらどうにかやるしかない。そうやってポンと入学してみると、まったく無になっちゃった。よくある話です。東大に受かった後は、何が目標かよくわからない。弁護士にもなりたくないし、官僚にもなりたくない。会社員にもなりたくないし、よく考えたら何にもなりたくない。じゃあ何がしたいかというと、自分の中のぐちゃぐちゃしているものが何なのかを知りたい。理解したい。

それまでは品行方正な良い子で、ずっと先生や親に従ってきたわけです。反抗することの意味がよくわからなかった。なんでみんな反抗するのかなと思っていた。とにかく学校は行かなければいけない場所だと思っていたから、嫌々ながらも絶対に休まずに行きました。

そして東大は入ってみると、なかなかいいところではありましたけど、私にとってはどうも生きている実感が湧《わ》かない場所だった。人生の目的がよくわからない。何しろ自分が最も関心のあることは「死んでしまうこと」なんですから。明日死ぬかもしれないのに、なぜ他のことをやるのか不思議でしょうがないわけです。でも、そんなことを誰に言っても相手にしてもらえない。東大の仲間に言ってみても、「そんなことはみんな考えていることだよ、当たり前だよ」と言って誰も受け付けてくれない。それで私はかなり悩みました。

当時は革命運動がいたるところでありました。皆さん、東大紛争って知っていますか？　当時は私と同じ世代の人が浅間山荘事件に関わったり、赤軍派に入って紛争を起こしたりしていたのです。入試がなくなってしまったこともありました。でも、私に言わせれば、そもそも東大に入って革命家になって国家を変えてもしょうがないと思った。だって、国家を変えても、社会をどんなに良くしても、人は必ず死ぬのですから。それじゃ意味がないと思ってしまったんですね。かといって宗教の道に進むのも当時は抵抗があった。感化されるよりも理解したい、わかりたいと思っていたから。そのうちに、そういうことができるところは哲学しかないとわかった。人間とは何か、私とは何か。あるいは、私がいるとは何か、時間とは何か、未来とは何か……。いわゆる「存在論」と呼ばれるものですが、私はそういうことを一生かけてやれるとしたらとてもいいと思ったのです。

そこで大学二年のときに、ちょっとした賭《か》けをしてみることにしました。親に反発するということを初めてしようと思ったのです。

東大の「文科Ｉ類」に入れば、前期課程が終わって三年へ上がるとき、すなわち後期課程ではほとんど自動的に「法学部」に進むことになります。他の学部に行きたい場合にはわざわざ届け出なくてはいけない。その際いろいろ手続きが必要で、私が思い立ったときにはもう間に合いませんでした。

でも、学期末のドイツ語の試験で単位を落とせば留年することになって、「哲学科」か「教養学科」に進める。それで私は、一年間ゆっくり考えようと思い、ドイツ語の試験を受けなかった。自分でやっておきながらものすごく後悔しましたけどね（笑）。

五〇人くらいのクラス中で、私一人だけが留年しました。そこから法学部に進めば、みんなから遅れていく状態になる。それは私のプライドが許さなかったから、後はもう哲学をするしかありませんでした。結局、一年間、一人で頑張りました。私はドイツ語が少しできたから、将来はドイツ語の先生になって哲学をやればいいや、と思っていました。

当時の東大には私の尊敬する先生が一人いました。最初から、自分が本気で哲学やるならその先生でなければダメだとわかっていた。けれどもそこは「教養学部科学史科学哲学分科」略して「科哲」といって、とても響きが悪いし、有名な「哲学科」に比べると何やっているかわからないところです。しかもそこに行くためには物理学とか論理学とかをやらなければいけないし、文系の私にとってはとてもきついと思っていた。だからドイツ語の先生にでもなろうかと思って、「ドイツ分科」に申し込もうとしたわけです。

ところが、人生っておもしろいですね。申し込み日の前日、「まだ志望の書き換えができます」という張り紙を見つけたとき、結局私は「科哲」のほうに書き換えてしまった。なぜかわからないけど、気づいたら書き換えて提出していたのです。

それからまた後悔ですよ（笑）。自分で選んでおいてなんですが、なぜこんなところに来ちゃったんだろう、法学部に行けば立派になれるのに、と思って。実際に科哲へ入ってみたら、私の他に一人しか学生がいない。そしてまた後悔です。先生は本当にすばらしかったのですが、なんとなく、法学部のように立派な授業ではないような気がしてしまって。

### 何度やり直しても転機は必ずやってくる

哲学をやっていると、「自分で選ぶ」ということの意味がよくわかってきます。私の場合、そもそも東大に進む前から哲学をやりたかったはずなんです。なにせ他のことは何をやってもダメなんですから。けれども、ごまかして、ごまかして、頑張って別のところへ行こうとした。ところがやっぱりうまくいかない。一応、自分の中にも世間体がいいものとか、親が喜ぶものを選ぼうという気持ちがあったから、反発した後にやっぱりすごく後悔するのだけど。でもそれが、自分が本当に選んだ意味なのです。

とはいえ、その後もなかなか大変な人生で、私は東大に一二年間も通うことになります。紛争で大学自体がなくなっちゃうときもありました。大学院まで行ったけれど自分は能力がない、哲学はどうしてもダメだと思って、また法学部に入り直したこともありました。そして法学部を卒業して偉くなろうと思ったけど、やっぱりそこでもダメで、それでまた入り直した（笑）。こういう人はあんまりいないと思います。

どうにか東大を卒業した後も、哲学では就職は難しいからということで、しばらく予備校の講師をやっていました。けれど、やっぱりこのまま死ぬのはダメだなと思った。そして三三歳のときに、たった一人でオーストリアのウィーンに行ったんです。ウィーンで哲学をしっかり勉強し直そうと思った。

ウィーンでは本当に一人でした。そのときのことは本当にすごかったと自分でも褒めてあげたいくらい。知っている人なんて誰一人いません。ただ先生の紹介状があるだけ。

まったく知らない場所で、飛行機のチケットもホテルも下宿も大学の手続きも全部自分一人で手配しなければならなかった。よく私にこんなことできたなと思いますよ。それまでチケットの買い方も下宿の探し方も、社会的なことはまったくわからなかったし、愚かなことに、家のことも何もしてこなかった。

それが向こうに行った途端、すごい社会なんですよ。なにせその日じゅうに下宿を契約できなければ凍え死ぬかもしれないような世界（笑）。ウィーンの冬は零下二〇度になります。それにドイツ語が話せなければ何もできない。何も聞いてもらえない。悪い人に騙されたら終わりです。私はもう、明日生きていればいいと思って、不動産屋を駆け廻《まわ》って電話した。雪の中をずっと歩いて電話局に行って、そこからようやく日本に電話できるというような状態。ドイツ語も当時は全然わかりませんでした。どんなに日本の授業で成績が良くても、その言葉を思うように使いこなせるのとはまったく別の話なんですね。だから電車の乗り方もわからなければ、銀行の通帳の作り方もわからない。とにかく悪戦苦闘を繰り返したけれど、結果として現地の大学の入学までこぎつけた。それがなかったら、人気のない予備校講師をずっと続けて定年を迎えていたと思いますね。

でも私はウィーンへ行った。そこでドクター論文を書いて、それがきっかけで東大の助手になって、そこから考えられないくらい道が開けるようになったのです。

## 自分で選ぶと心が強くなる！

そのときに私が考えたこと——これが、今日言いたいことの一つの大きなポイントです。私にはまったく取り柄がなかった。世間的にも評価されず就職もゼロ。そのうえ、親に反発して当時は大学院もなかった学科に進みました。でもそれが、今となっては自分の誇りなんです。本当に誰も知らないところに行った。

つまり「自分で選んだということ」です。自分の将来を自分で書き換えたのです。逆にもし、親が「哲学をしろ」と言っていたら、私はもたなかっただろうと思うのです。でも、自分が選んだのなら、人のことを責められない。ただ自分が悪いだけ。自分が自滅するだけでしょ？　そう思うととても安心だった。これでダメになってもしょうがないと思えたんですね。

ウィーン行きも自分自身で選んだ結果です。もちろん反対されましたよ。みんなに反

中島義道氏の略歴

一九六五年　東京大学文科Ⅰ類入学。
↓後期課程で、教養学部教養学科科学史科学哲学分科に進む。
※東京大学では、学部入学者は教養学部へ所属し、六つの科類（文科Ⅰ類・Ⅱ類・Ⅲ類、理科Ⅰ類・Ⅱ類・Ⅲ類）に分けられる。そして、前期課程（二年間）を経て、後期課程で各学部学科へ進学する制度を採用している。
一九七一年　東京大学教養学部教養学科科学史科学哲学分科卒業。
↓大学院人文科学研究科哲学専攻に進む。
一九七三年　東京大学大学院人文科学研究科哲学専攻修士課程退学。
↓東京大学法学部に学士入学。
一九七六年　東京大学法学部卒業。
↓再び、東京大学大学院人文科学研究科哲学専攻修士課程入学。
一九七七年　東京大学大学院人文科学研究科哲学専攻修士課程修了。
↓ウィーン大学へ留学。
一九八三年　ウィーン大学基礎総合学部哲学科修了。哲学博士になる。

対されました。そんな所に行ってどうする。三三歳で誰も知らない外国に行っても何にもならない。哲学なんかやってもしょうがない——そんな声がほとんどでした。まあ一般的に考えればそれが当たり前でしょう。でも、私は行きました。そして、行った瞬間にやっぱり後悔しました（笑）。なんで来ちゃったんだろう、なんてね。

人間なんてそんなもんです。何から何までしっかり心が決まっているわけじゃない。けれど、苦労しながらもどうにか生き延びてきて、人間関係も少しはできてくると、いつのまにか自信がつく。「あ、俺はできてしまった」と思えるときが来る。だから他人から何を言われても構わない。自分が承知でやっているから。

ウィーンでもいろいろな偶然が重なって、幸いにもドクターを取得することができました。もちろんドクターなんて取れない人はたくさんいるし、ウィーンに行っても何もせずにそのまま帰ってくる人はいっぱいいる。そもそも病気になったり死んだりする人もいるし、何もわからない外国で暮らしていくというのはとても大変なわけです。それでも一応、私はやり遂げた。

私は三七歳で東大の助手を務めることになりました。助手というにはずいぶん齢《とし》をとってはいましたけど、それでもいい職を得られたわけじゃないですか。なぜこんな順調な人生になっちゃったんだろう、なんて不思議に思うこともあります。私がやったことといえば、ただ「自分で選んできた」というだけ。

例えば「有名になる」「世間体がいい」「金持ちになる」といったことが将来の進路の基準だと、とても大変だと思います。なぜならば、目標が具体的だから。それが叶《かな》えられなかったときにつらい思いをすることになる。私の場合は違います。なにしろ自分は他のことはできない、死ぬ以外は哲学するしかできないわけです。とても単純ですよね。だからギリギリの場面になると必然的にそれを選んでしまう。ウィーンに行ったときも「どうせいつかは死ぬならウィーンで殺されでもしたほうがいい」と思った。こんなに純粋な選択もないでしょう。

とはいえどんなに迷っているときでも同時にとても安直な選択が横に見えていました。だって、留年せず法学部に行ってごまかしながら頑張れば、「東大法学部卒」になれるわけです。それから哲学をやればいいかな、なんてことも当然考えました。実際、周囲もそれを勧めてくれました。でも、授業が自然と耳に入らなくなってしまう。私はとても不器用なんでしょう。安直なやり方ができなくなるんです。私はいつも、最も分の悪いところを選んできたなという気がします。留年して、何のあてもなくウィーンに行ってしまうのも分が悪いでしょ。失敗の確率はたくさんありますよね。だけどそれを選んだ。今考えると、たぶん自分の中にあった望みがとても純粋で、わかりやすかったからだと思います。つまり「この世界がどうなっているか知りたい」、ただそれだけ。私という存在も含めて知りたいわけです。それを教えてくれるのは哲学しかないとわかっていた。

## 「本当にやりたいこと」の見つけ方

「自分が本当は何をやりたいか」。進路を前にするとたいていの人が思い悩むことです。けれども、そんなものはわからないに決まっている。

なぜかというと、すでにその時点でいろいろな配慮をしちゃっているから。親が喜ぶこと、人聞きの良い職業、偏差値が高い大学——あらかじめそういうものを付け加えて選ぼうとするからなのです。

これはとても難しい問題です。たとえ配慮を重ねて選んでも、なかなかうまくいかないことがあります。例えば、偏差値の高い大学に入ったとしても、有名企業に就職したとしても、ずっと後でその大学や企業の評価が低くなってしまうことだってたくさんある。そうなると、ますます基準がわかりにくくなる。

じゃあいったい何が一番いい選択なのか？　それを知るには、さっき挙げたような条件をすべてとっぱらった状態で、何をしたいか考えればいいんです。別にいいことじゃなくてもいい。例えば「なるべく遊んで暮らしたい」とかでもいい。実際、私も将来について考えるときにそう思いました（笑）。一生好きな本を読んで暮らすにはどうしたらいいか。あるいは、何でもいいから自分自身の中でとても好きなことを優先して考える。漫画が好きなら漫画家になればいいじゃないですか。自分の好きなことで社会的に許される範囲はいくらでもあるはず。

ところが、みんながそれをしないのは、他のあまり重要じゃない部分——他人の目、世間体、親や先生の期待みたいなものによって縛られているから。たしかに世間体は社会生活を営むうえで大事だと思いますが、実はある意味で、一番信じてはいけないのが、親と先生なのです。

私が親の言う通りにしていたら何もできなかったでしょう。どうにか頑張って、まったくダメな弁護士になっていたかもしれませんが、その後で親を憎んだでしょう。なぜならば、それを自分で選んだにもかかわらず「親から選ばされた」と感じてしまうからです。

「もしそれがなければ、他に全部与えられてもつまらないかどうか」——これが自分の好きなことの見つけ方です。立派な車、きれいなお嫁さん、遊んで暮らせるお金、そういったものは全部与えられるけれど、哲学だけはしてはいけませんと言われたら、やっぱり私はダメなんですね。逆に、それだけはしていい代わりに、あとは全部与えられないかもしれない。乞食になるかもしれないし、周りからバカにされるかもしれない。それでもいいや、と思えること——それが「本当にやりたいこと」を見つけるための一つの試金石、判定基準となります。

**哲学はそもそも学問じゃない！**

最初に言った通り、もう四〇年以上同じことをやってきましたが、哲学というのはとてもじゃないけど立派な学問ではありません。そもそも学問ですらないのです。だいたい哲学というのは翻訳からして間違っている。「学」が付いているのに「学問」ではないのですから。

「philosophy」という英語を知っていますよね？　これは「フィロ（＝愛する）ソフィア（＝知）」というギリシャ語に由来する言葉です。皆さんは「愛」といえば「好き」という言葉と同じ意味として捉《とら》えますよね。すなわち「知が好きだ」という意味ではないかと。ところが、実はそうではないのです。ギリシャ語の「愛する」は、英語の「want」に相当する単語で、本来は「欠乏している」という意味。すなわち「私は知が欠乏しているから知が欲しい」という意味なのです。

紀元前四〇〇年くらい、ちょうどこの言葉が生まれたときにソクラテスという人が現れました。彼はとんでもないことを言い出した。それまでアテネでは、男として国家を守り、そして立派な政治家になって社会のために尽くすこと以上に生きる目的はないと思われていた。今でもたいていの国では似たようなものですね。ところが、ソクラテスという本当にどうしようもないおじいさんが急に変なことを言い出した。すなわち「生きる目的は真理を求めることである」。真理を求めることのために生きるのが正しい生き方なのだ、それが「哲学」なのだ、と。そうやって広場で一日中みんなと議論していたわけです。「美」とは何だろう？「愛」とは何だろう？「知」とは何だろう？——ソクラテスは雲をつかむような問答を皆に仕掛けていって、最終的には「わからない」ということで終わってしまう。けれども、それを「無知の知」と彼は呼ぶ。つまり「私はわからないことがわかった、これは素晴らしいことではないか」と。

当時はソフィストと言って、今の大学教授のように知の専門家がいました。その専門家たちは、自分の知識を人に売って生活している。当時のギリシャには弁論術をはじめ、造船術や詩学といった細かい知識の専門家がたくさんいました。ソクラテスはそういう人たちに聞いて回るわけです。真理とは何か、善悪とは何か、あるいは「ある」と「ない」とはどういうことか。ところが、そういう質問には誰も答えてくれない。詩の書き方とか軍隊の治め方とか、細かいことはみんなよく知っているけれど、一番基本的なことについて教えてくれる専門家がいない。そこでソクラテスは真理を求める新しい生き方を提唱したのです。

国家にしてみれば非常に困った老人ですよ。国家のために働いてもらわなきゃいけない青年たちに、真理のために生きてもらうわけにはいかない。結局ソクラテスは、青年たちを堕落させた罪に問われて最終的に死刑になってしまいます。

西洋哲学はそもそもこんなろくでもない始まり方をしているわけです。とてもじゃないけどまともなものじゃないでしょ。それから中世になっても、デカルトやガリレオは火炙《あぶ》りになる覚悟で哲学に臨む。地動説なんて言ったら火炙りになる時代ですよ。それでもやはり真理だと思ってみんな闘っていた。哲学者は代々、普通の社会において嫌がられてきた存在なんです。

## 哲学が人から嫌われる本当の理由とは

要するに、哲学というのは、こんな明るい場所で口に出してはいけない話なんですね。この感覚は私にとって非常に大事なことでもあります。

例えば「ボクサーになりたい」とか「カーレーサーになりたい」という夢を親が嫌がる理由は、単にその職業の成功率や危険性の問題にすぎない。でも哲学の場合は違う。

何か普通の人とは違う、変な所に入っていくような感じがするからなんです。要するに「この子はおかしくなっちゃうのでは?」という不安があるからなんですね。

なんでそんなに嫌がるのかというと、たぶん多くの人は、それこそが一番重要な問題だとわかっているから。哲学者がかかずらってしまう問題こそが最も根本的で致命的な部分だと本当は知っているから。

過去というのは宇宙のどこにもありません。未来も同じ。本当は「今」しかそこに存在しない。同様に、「ある」「ない」という状態は、本当は言葉の上にしか存在しない。それなのに、たいていの人は世界がずっとあるかのようなふりをしながら話をするわけです。

でも会社に入った人間が「この会社はないかもしれませんね」なんて言っちゃダメじゃないですか(笑)。そんなことを言ったら業務どころではなくなって社内が混乱してしまう。

普通の人々は、そういう妙なことを言う人が横にいるのは目障りなんです。ソクラテスと同じ。本当は皆だって「何が良いか悪いかわからない」と思っている。だけど、生活をつつがなく営むために、差し当たりはそういう問題をごまかしてやりたいわけですよ。

私の場合も、あのまま法学部に二年間いたら、たぶん哲学をやらなかったと思います。二年間ごまかしが利いたのだから、じゃあ司法試験を受けようか、という流れに自然になっていったんじゃないか。ウィーンに行くのだって、もし四〇歳になるまでぐずぐずしていたら「もう四〇だし危険なことはやめよう」なんて適当な理由をつけてごまかしていたはずです。

結局、本当にやりたいことを成し遂げたいのなら、自分自身が「これだ」と思ったときに決めるしかない。安全な思考というのは積もり積もっていくと、自分の志向性をもごまかして変えてしまいます。

## 「ならず者」のための場所

大学をやめて「哲学塾カント」を始めたのは六二歳のとき。とても危険ですよね。哲学の塾なんて前例がない。そもそもラーメン屋と同じ、誰も来なかったら終わりでしょ? 幸いなことに初日から人がいっぱい来てくれましたが、東日本大震災のときは誰もいなくなりました。

でも、これは自分に合っていると思った。過酷な状態に追い込まれるとちょっとうれしくなっちゃうんですね。なんだか自然に頑張っちゃうというか。こういう試練が与えられたのなら、今度はこういうふうにしてやろうと思える。人間というのは無謀なことをすると、それが一つの財産になって、何が来ても大丈夫になるわけです。さすがに健康の問題はちょっと大変かもしれないけど、しょせんお金や地位とかの問題はどうにかできますから。おかげでいろんな面でとても強い人間になったと思います。

今の若い人たちはとても弱い。私の周りにも悩んでいる人がたくさんいるし、自殺する人だっている。哲学をやると親が反対するとか、哲学をやると自分はもたないとか、いろいろくよくよ悩んでいる。じゃあやめなさい。やめないんだったらやりなさい。結局それしか言えないんです。相談なんか受けるのはとても簡単です――「嫌になったらやめなさい」。やる人はやるのですから。どんなことがあってもやるのですから。

結果として私自身は六六歳の今まで好きなことをしてこられました。嫌なことはほとんどしてこなかった。会社に勤めたことも一回もない。例えば私は、いまだに銀行という建物の中で何をやっているのかわからない。わからないまま、それでも生きてこられた。

　哲学塾を作ったのもそういう経緯があったから。これはある種の恩返しといいますか、私がとても苦労したときに「こういうところがあったらな」と思った場所を作ったんです。本当に哲学をする人のためのところですね。

　それが通じているからでしょうけど、七〇歳過ぎたおじいさんがわざわざカプセルホテルを予約してくる。名古屋から会社員の人が深夜バスで来る。四国から飛行機で来る人もいます。ちょっと感動的でしょう？　実は休講です、なんてとてもじゃないけど言えない。日本人ですが、アメリカや香港《ほんこん》から定期的に来る人もいます。そういう人たちはとても熱心です。大学に行って教授になるためでもなく、純粋に、お飾りの哲学ではなく本当に哲学をやりたいと思って来てくれる。

　とはいえ、あなた方はまだ、来てはいけない。未成年は禁止しているんです、ワイセツだから（笑）。二〇歳以上じゃなきゃダメ。やっぱり哲学をやるということは普通ではないんです。ソクラテスが殺されたのもわかります。成長期にある人に対して社会が教えることではないことを教えているのです。

私が教えるのはとても不安なこと。特に善悪に対して、この社会における善悪というものを、基本的に私はまったく信じていません。ただ差し当たり従っているだけです。

でも実際、倫理学学会に行くと、みんなこういうことを本気で議論している。「人を殺してなぜ悪いか？」といったことを堂々と真剣に議論しているんです。その様子を見て、とてもうれしい気持ちになったのと同時に、なんで自分が小学生のときから他人がとても嫌いで、とても憂鬱だったのか、すっかり合点がいきました。つまり、当時はそんなふうに言いたいことが言えなかったから。「どうせみんな死んでしまう」とか「善悪がわからない」とか、親や先生は簡単に言わせてくれないでしょ。

私は「ならず者」という言葉をよく使います。哲学をやる人というのは、あまり社会的に立派な人じゃない（笑）。それこそならず者といいますか、世間的に見るとそういう人が横にいては困るわけですね。

けれども、ならず者なのにならず者じゃないふりをして生きるのは心の健康に悪い。本気で思っていることを口に出せないまま生きていくのは、健全ではないことだと私は思うのです。

## ごまかしのない人生を送るために

哲学なんかやらずに、ちゃんと立派に生きていけるのならそれで全然構いません。でも少なくとも、本当の意味で自分をごまかさないと、寝て一生を過ごしたいとは思わないと思う。私も二年くらい引きこもりで寝ていましたが、やっぱりそういうときに、「自分をごまかさずに手応えのあることをしたい」と考えるようになったんです。

そんなふうに、長い長い人生の中で五十年間苦労してきました。でもそれがいろんなかたちでプラスになって、今の自分の状態になっている。私が考える「大人」というのはそういうことなんです。

ところが「大人」にはプラスとマイナスの二種類の面があって、マイナスの意味における大人というのが「本当のことはなるべく見ないようにしよう」というタイプ。ときどきちらっとは心によぎるけど、ずっと真理とか愛とか善とかについて考えるのはくたびれちゃうし、社会から浮いちゃうから忘れたふりをする――でもそんな人を「大人」

だとすると、人生はとても淋《さび》しい。

真理を求めることはすばらしいことです。高校生のときには言えなかったけど、やはり今になったらそう思う。

何か人とずれている。人が笑うかもしれない。けれど、自分自身の中では何回考えても「それ」がしたいと思えること。「それ」は何だっていいんです。

生きていることは居心地が悪くて、皆がニコニコ笑っていても打ち解けないし、なんか一人でいたいし、今世の中でやっていることはおもしろくない。でも、自分としてはどうにかいろんなことを学んでいたい。あるいは人間的には成長したい――そういう人は、哲学、あるいは哲学に近いものがいいかもしれません。

世の中ではうまく隠れているけれど、実際に一皮めくってみれば、「常識」というものに対する疑いは実はとても強い。例えば、その研究の最先端の部分においては、どんな学者だって全部はわかっていないわけです。そういうことは私にとってはうれしいことです。わかっていないほうがいい。神がいるかどうかも全部含めて、どこまで行ってもわからない。わからないのだから、わからないということをずっと追求すればいい。

哲学にかぎらず、そうやってわからないものを追い求めることこそが、ごまかしのない人生なのです。

必ずしも評価はされなくてもいいのです。自分のしたいことがあって、それが実際にできて、できれば体が動く間はずっと続けられるというのが、たぶん一番いい人生なのでしょう。

ついでに付け加えておけば、できれば仲間がいればいい。哲学の場合は特にそうです。社会から排斥された者たちがお互い「そうだよね」と言っていられるのが良いですね（笑）。

今、哲学者は日本に二千人もいません。とても少ない。だからこそ、一人でいると沈没しちゃう。

皆さんが二十歳を過ぎたとき、哲学に――真理とか愛とか善とか、自分自身の疑問についてごまかさずに生きることに決めたのなら、臆せず門を叩《たた》いてみてください。わからないことを一緒に考え続けていきましょう。

（この授業は、二〇一三年五月二五日に行われた）

## ◎若い人たちへの読書案内

**『トニオ・クレーゲル』（トーマス・マン）**

いつも詩を読み哲学や芸術に関心がある少年トニオは、そんなことにはまったく無関心で、スポーツや遊びに夢中な仲間の健康な少年たちをうらやましく思い、自分が変わり者であることを自覚していました。彼は、やがて有名な詩人になり、ある日友人の女流画家に向かって、自分がいかに健全な市民になれない呪《のろ》われた人種であるかを強調しますと、彼女は「そういうあなたは、私から見るととても市民的に見えますの」と答えます。トニオは、すなおに芸術至上主義を掲げることも、健全な市民に対する一種の「うしろめたさ」を消し去ることもできません。健全な市民を一方で軽蔑しつつ、他方で彼らに憧《あこが》れるという芸術家の心情を吐露しているこの小説は、まさに法学部をあきらめて哲学に進んだ当時の私の心情を代弁してくれた書であり、いまなお哲学することを「うしろめたく」思っている私の原点となる大切な書です。

**『車輪の下』（ヘルマン・ヘッセ）**

とびきりの秀才であり優等生であったハンスは、猛勉強の末、家族や周囲の期待通り有名なギムナジウム（中学および高校）に合格します。しかし、やがて彼は、「まじめであること」に疑問を覚え、（いわゆる）不良少年たちとも付き合い始め、成績はぐんぐん下がり、退学を余儀なくされます。その後、職工の弟子《でし》になり修業し始めるのですが長くは続かず、ネッカー川に身を投げて溺死します。少年の遺体が引き上げられた時、大人たちは涙するのですが、ハンスに対する自分たちの賞賛や期待が彼を負いつめたこと、すなわち自分たちが加害者であることを初めて知ったのです。私もちょっとハンスと似たような境遇であったせいか、とくに「まじめでいい子」に言いたいのですが、あまりに周囲の期待に添うように努力することは自分を殺すことになることを、本書から学んでほしいと思います。

**『きみはなぜ生きているのか？』（中島義道）**

最後に私の本から、とくに中学生・高校生向きに書いたものを紹介しましょう。私の体験に基づいたものですが、「クライ君」というあだ名の暗い少年が、体育のソフトボールが嫌で、またみんなと明るく遊ぶことが嫌でたまらないまま、やっと夏休みに突入したのですが、二学期からは学校に行くまいと決心します。そのとき、ニーマントという見知らぬ人からの手紙が定期的に届くようになり、クライ君は彼に返事を書き、こうして二人のあいだに文通が始まるのです。ニーマントの手紙の中には、クライ君が興味を抱いている哲学的問題が毎回ぎっしり詰まっていて、クライ君の心は次第に変わっていきます。そして、夏休みも終わり近くになり最後の手紙で、ニーマントは、誰がどんなに反対しても「自分の好きなことをしよう」と励ましてくれます。クライ君は、そのとき、じつはわからないことだらけであるこの世界の秘密を明らかにしたいと思い、それこそ生きる理由だと思うようになっていました。クライ君はそれを成し遂げるために、二学期から学校に行こうと決意したのです。

●初出一覧

宇野重規「新しい民主主義をつくろう」『高校生と考える日本の問題点』（左右社、二〇一五年）

東浩紀「人文知と大学――ゲンロンカフェ開設物語」『わたしがつくる物語』（水曜社、二〇一四年）

原研哉「日本のデザイン、その成り立ちと未来」『問いかける教室』（水曜社、二〇一三年）

堀江敏幸「あとからわかること」『わたしがつくる物語』（水曜社、二〇一四年）

稲葉振一郎「これからのロボット倫理学」『わたしがつくる物語』（水曜社、二〇一四年）

柴田元幸「翻訳とは何か」『わたしがつくる物語』（水曜社、二〇一四年）

中島義道「哲学とのつきあい方」『わたしがつくる物語』（水曜社、二〇一四年）

※本書は、これらを底本とし、テーマ別に抜粋、再編集したものです。各章末の「若い人たちへの読書案内」は、本書のための書き下ろしです。

ちくまプリマー新書 307
創造《そうぞう》するということ 〈続《ぞく》・中学生《ちゅうがくせい》からの大学講義《だいがくこうぎ》〉 3

二〇一八年十月十日 初版第一刷発行

著者 宇野重規（うの・しげき）／東浩紀（あずま・ひろき）／原研哉（はら・けんや）／堀江敏幸（ほりえ・としゆき）／稲葉振一郎（いなば・しんいちろう）／柴田元幸（しばた・もとゆき）／中島義道（なかじま・よしみち）

編者 桐光学園＋ちくまプリマー新書編集部
装幀 クラフト・エヴィング商會
発行者 喜入冬子
発行所 株式会社筑摩書房
東京都台東区蔵前二-五-三 〒一一一-八七五五
電話番号 〇三-五六八七-二六〇一（代表）
印刷・製本 株式会社精興社

ISBN978-4-480-68333-5 C0295 Printed in Japan